# Elementos Básicos da Música

# CADERNOS DE MÚSICA DA UNIVERSIDADE DE CAMBRIDGE

**Volumes da série:**
Uma breve história da música
Elementos básicos da música

Roy Bennett

# Elementos Básicos da Música

Tradução:
**Maria Teresa de Resende Costa**
*Licenciada em piano,
Escola Nacional de Música/UFRJ*

Revisão técnica:
**Luiz Paulo Sampaio**
*Professor da UniRio
Formado pela Hochschule für Musik
und darstellende Künste, Viena*

Copyright © 1984, Cambridge University Press

Tradução autorizada da quarta impressão inglesa, publicada em 1987 por Cambridge University Press, Inglaterra, na série Cambridge Assignments in Music.

*Grafia atualizada segundo o Acordo Ortográfico da Língua Portuguesa de 1990, que entrou em vigor no Brasil em 2009.*

*Agradecimentos*
O autor e a editora inglesa agradecem às seguintes pessoas e organizações pelos direitos de reprodução das músicas e ilustrações apresentadas neste livro: British Library (p.13 e 63); Berkeley Castle Trustees [fotografia de The Courtauld Institute] (p.64); The Mansell Collection (p.65); Novello & Company Limited: Variação N.9 ("Nimrod") de *Variações Enigma* de Elgar (p.28); Boosey and Hawkes Music Publishers Ltd.: *O Guia dos Jovens para a Orquestra* de Britten (p.54); "Promenade" de *Quadros de uma Exposição* de Mussorgsky, orquestrado por Ravel (p.91); Segundo Movimento do Concerto N.3 de Bartók (p.95); Schott: *Pavana para uma Infanta Defunta* de Ravel (p.70); J. & W. Chester/Edition Wilhelm Hansen London Limited: *Ronde des Princesses* de Stravinsky (p.72); Breitkopf & Härtel, Wiesbaden: *O Cisne de Tuonela* de Sibelius (p.84); e G. Schirmer Limited, London: "Che gelida manina" de *La Bohème* de Puccini (p.85).

Reimpressão 2007 com nova paginação, sem alteração de conteúdo.

*Título original*
General Musicianship

*Capa*
Valéria Naslausky

CIP-Brasil. Catalogação-na-fonte
Sindicato Nacional dos Editores de Livros, RJ.

---

|  | Bennett, Roy |
|---|---|
| B417e | Elementos Básicos da Música / Roy Bennett; tradução, Maria Teresa de Resende Costa; revisão técnica, Luiz Paulo Sampaio. – 1ª ed. – Rio de Janeiro: Zahar, 1998. |

Tradução de: General Musicianship
Inclui apêndice
ISBN 978-85-7110-144-9

1. Música – Instrumentação e ensino. I. Título. II. Série.

CDD: 780.7

98-1174

CDU: 78

---

[2020]
Todos os direitos desta edição reservados à
EDITORA SCHWARCZ S.A.
Praça Floriano, 19, sala 3001 – Cinelândia
20031-050 – Rio de Janeiro – RJ
Telefone: (21) 3993-7510
www.companhiadasletras.com.br
www.blogdacompanhia.com.br
facebook.com/editorazahar
instagram.com/editorazahar
twitter.com/editorazahar

# Sumário

*Ao professor, 7*
*Extensão das vozes e dos instrumentos, 8*

**Primeira parte:**
OS ELEMENTOS BÁSICOS DA MÚSICA

1. Alguns dados sobre o som, *9*
2. Notação musical: altura, *11*
3. Notação musical: ritmo, *13*
4. Indicação numérica dos compassos, *15*
5. Escalas e tons, *17*
6. Intervalos, *21*
7. Termos italianos, *22*
8. Sinais, símbolos e abreviações, *24*
9. Ornamentos, *25*

   **Exercício Especial A**, *26*
   **Exercício Especial B**, *30*

10. Recursos rítmicos e melódicos, *32*
11. Acordes perfeitos ou tríades, *34*
12. Frases e cadências, *36*
13. Modulação, *38*

    **Exercício Especial C**, *39*

**Segunda parte:**
OS SONS DA MÚSICA

14. Timbre, *43*
15. Textura, *44*
16. Contrastes, *46*
17. Vozes, *47*
18. A orquestra, *48*
19. Como evoluiu a orquestra, *56*
20. A partitura de orquestra, *58*

**21.** Bandas, *62*
**22.** Instrumentos antigos, *63*
**23.** O órgão, *66*
**24.** O piano, *67*

**Exercício Especial D**, *69*

**Terceira parte:**
TODOS OS GÊNEROS DE MÚSICA

**25.** Formas musicais simples, *73*
**26.** Formas maiores, *75*
**27.** Óperas e oratórios, *79*
**28.** Outros gêneros de música para canto, *80*
**29.** Música descritiva ou programática, *81*

**Exercício Especial E**, *82*

**Outros exercícios**, *87*

*Quadro cronológico dos compositores e seus países, 96*
*Índice analítico, 98*

# Ao professor

A matéria contida neste livro abrange as áreas em geral denominadas conhecimento ou instrução musical, ou, ainda, elementos básicos da música. Boa parte dela, entretanto, pode ser utilizada por turmas iniciantes e também por aqueles que não têm intenção de prestar exames.

Entremeando todo o livro, encontram-se diferentes exercícios de graus diversos de dificuldade. O objetivo destes é tanto o de avaliar o conhecimento e a percepção musical do aluno como também dar-lhe oportunidade de pôr em prática tudo que foi assimilado; em alguns casos envolvem respostas e tipos de reação à música que são de caráter pessoal. Os exercícios estão baseados numa grande variedade de peças que vão da Idade Média à época atual. Em geral, referem-se a gravações que fazem parte de acervos musicais, mas há de se acentuar que certas peças não são de fácil acesso: em tais casos, para auxiliar o professor, assinalamos em notas de rodapé os itens dos exercícios que necessitam de audição prévia para serem respondidos. Para que o transcorrer das aulas se faça mais pronta e desembaraçadamente, *todos os trechos aqui referidos são o começo de um movimento de alguma obra ou o começo de uma determinada peça.*

Grande parte da matéria está apresentada sob a forma de quadros sinóticos e diagramas muito úteis. No fim do livro, para consultas rápidas durante a revisão ou a feitura dos exercícios, há um índice dos principais pontos e tópicos. Quanto aos instrumentos da orquestra e às formas e estruturas das músicas, embora sejam matérias deste livro, encontram-se mais detalhadamente descritos em outros volumes que fazem parte da série Cadernos de Música da Universidade de Cambridge.

# Extensão das vozes
# e dos instrumentos

**Vozes**

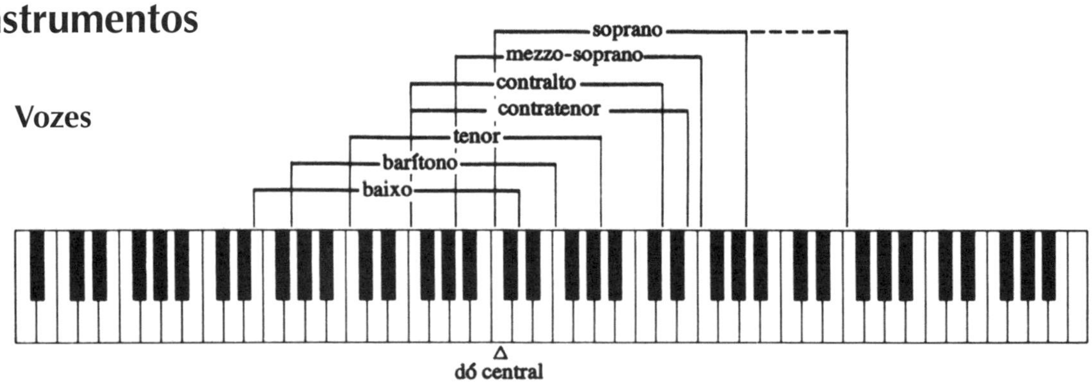

soprano
mezzo-soprano
contralto
contratenor
tenor
barítono
baixo

dó central

**Cordas**

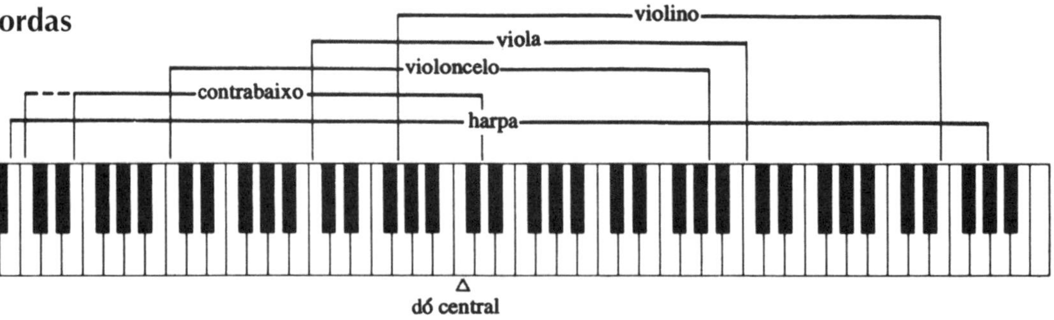

violino
viola
violoncelo
contrabaixo
harpa

dó central

**Madeiras**

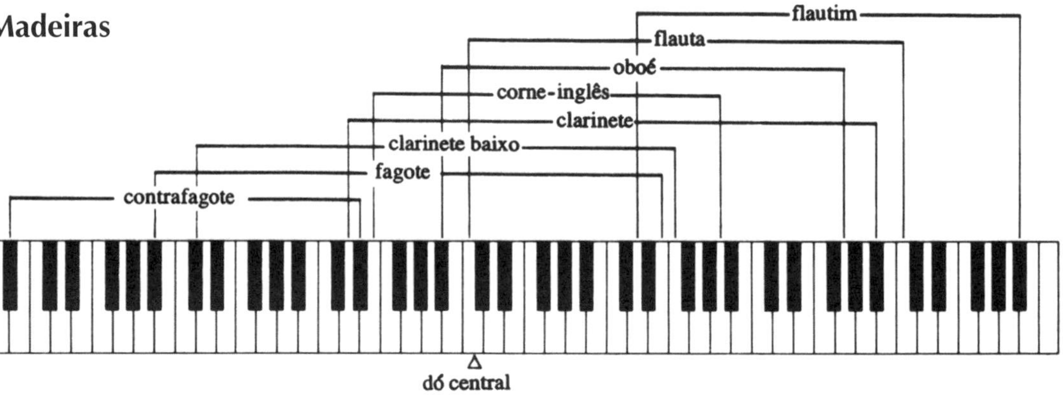

flautim
flauta
oboé
corne-inglês
clarinete
clarinete baixo
fagote
contrafagote

dó central

**Metais**

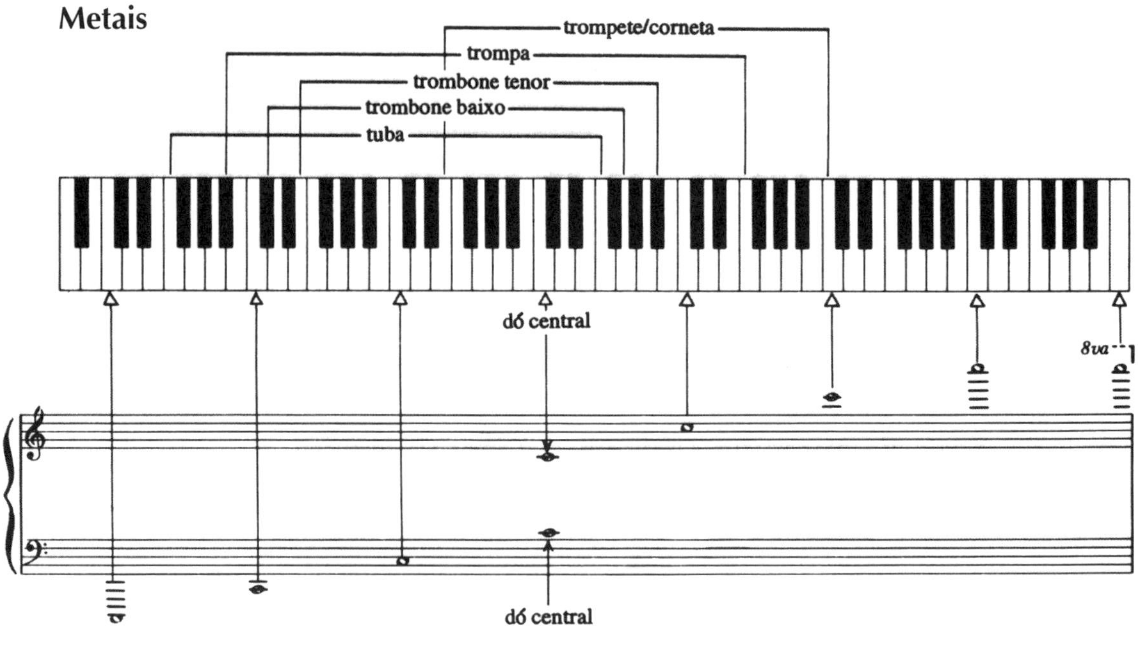

trompete/corneta
trompa
trombone tenor
trombone baixo
tuba

dó central

*8va*

dó central

Primeira parte: # OS ELEMENTOS BÁSICOS DA MÚSICA

## 1
## Alguns dados sobre o som

Todo som ouvido é causado por alguma coisa que vibra. As vibrações são levadas através do ar na forma de ondas sonoras que se espalham simultaneamente em todas as direções. Acabam por atingir a membrana do tímpano, fazendo com que também se ponha a vibrar. Transformadas, então, em impulsos nervosos, as vibrações são transmitidas ao cérebro, que as identifica como tipos diferentes de sons.

No primeiro exemplo, as vibrações formam um desenho de ondas regulares e constantes. Tem-se a representação gráfica de um som musical, isto é, de uma **nota** que tem altura definida e distinta, no caso, a altura de uma nota bastante aguda.

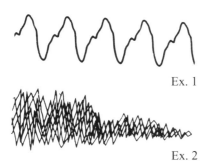

Ex. 1

Ex. 2

No segundo exemplo, as vibrações resultantes de uma queda de uma bandeja cheia de copos produzem uma mistura confusa de ondas sonoras, expressas num desenho também confuso e extremamente irregular. Estes sons, cuja altura não é definida, são classificados como **barulho**.

Talvez você pense que o barulho nada tenha a ver com a música. Mas o papel dele é, na verdade, dos mais importantes. Muitos instrumentos de percussão (como caixa clara, pratos, tamborins) produzem vibrações irregulares e seus sons devem, portanto, ser classificados mais como "barulho" do que "notas".

Em cada nota ouvida, numa sequência de sons, seu cérebro irá descobrir e identificar três características fundamentais:

1 **altura** – em que medida se revelam os sons graves e agudos
2 **volume** ou **intensidade** – em que medida se revelam os sons fortes e fracos
3 **timbre** – a qualidade ou coloração dos sons

Mais adiante, o timbre será tratado detalhadamente; por enquanto, vamos estudar a altura e o volume.

### Altura

A altura de uma nota depende da frequência, ou número, de vibrações por segundo. Quanto mais alta a frequência, mais aguda será a nota. Se você pinçar uma corda de violino ou de guitarra, poderá tanto ver como ouvir suas vibrações, mesmo que a velocidade seja extrema, o que torna o movimento das cordas inteiramente indistinto. Para o som da nota que chamamos dó central, os movimentos de cá para lá da corda se produzem numa ordem de 261 por segundo.

Em qualquer instrumento cujo som é obtido pelas vibrações das cordas, a frequência das vibrações – por conseguinte, da altura da nota – depende do comprimento, da espessura e da tensão (do estiramento) da corda:

violino

contrabaixo

quanto mais curta a corda
quanto mais fina a corda
quanto mais distendida a corda

→ maior velocidade terão as vibrações, logo, mais aguda será a nota

flautim

fagote

O comprimento e o tamanho são igualmente importantes nos instrumentos de sopro, onde a obtenção dos sons se faz por meio das vibrações de uma "coluna" de ar dentro de um tubo oco:

> quanto mais curta a coluna de ar, mais aguda a nota
> quanto mais longa a coluna de ar, mais baixa a nota

Os sons mais baixos que nosso ouvido percebe têm uma frequência de 16 a 20 vibrações por segundo. É o caso, por exemplo, de uma nota do órgão extremamente baixa. Já o limite agudo do ouvido humano é aproximadamente de 20 mil vibrações por segundo, som pouco mais alto do que o guincho de um morcego. As baleias podem perceber sons de frequência mais baixa do que a captada por nós, enquanto os cachorros são capazes de ouvir sons de frequência demasiadamente alta para nossos ouvidos. Há assovios de altura tão aguda que nenhum de nós irá conseguir percebê-los. Os cachorros, no entanto, os escutam e podem entender-lhes o significado se são treinados para isso.

## Volume ou intensidade do som

Pince uma corda num violino ou guitarra. Primeiramente, de leve, em seguida, com mais firmeza. As duas notas ouvidas terão a mesma altura, mas a segunda será mais forte. A altura depende da frequência das vibrações, enquanto que o volume ou a intensidade do som depende da força das vibrações, chamada de *amplitude*. Quanto mais força ou energia for aplicada no processamento das vibrações, maior será a amplitude, por conseguinte, mais forte será o som.

Você, algumas vezes, irá ouvir a palavra decibel para referir a intensidade dos sons em relação uns aos outros. De acordo com a escala de decibéis, o som que mede 1dB (um decibel) é extremamente fraco, a sua intensidade é apenas suficiente para transpor o nosso "limiar de audição". O som de um violino quando tocado docemente é estimado em cerca de 25 dB. Já o de uma grande orquestra tocando com sua força máxima é de aproximadamente 100dB. Os sons acima de 120dB estão próximos de nosso "limiar de dor". São aqueles como o estrondo de um avião que passa voando baixo por cima de nossas cabeças ou o ronco de uma motocicleta desprovida de silencioso.

**Exercício 1**

a) Qual a diferença entre um barulho e uma nota musical?
b) Por que o som de um flautim é mais alto que o de um fagote?
c) Dê duas razões que justifiquem as cordas do contrabaixo emitir notas mais baixas que as do violino.
d) Por que as seis cordas da guitarra emitem sons de diferentes alturas, embora todas elas tenham o mesmo comprimento?
e) O que deve fazer um pianista para alterar o volume do som das notas que toca?

**Exercício 2**

Preste atenção ao maior número de sons que puder e procure identificá-los. Em seguida faça um quadro com as principais características de cada um dos sons. O seu quadro poderia começar assim:

| Identificação do som | Barulho ou notas | Altura: aguda, média ou baixa | Volume: fraco, médio ou forte |
|---|---|---|---|
| trompete | notas | aguda | forte |
| rajadas de vento | barulho | média/aguda | fraco/médio |

# 2
# Notação musical: altura

"Notação" é o modo pelo qual os sons são expressos numa folha de papel. Os monges medievais foram os primeiros a escrever e a indicar em linhas horizontais os sons com as respectivas alturas. Inicialmente, usaram uma única linha. Mais tarde, outras foram acrescentadas, formando uma pauta, possivelmente, de quatro, cinco, seis ou até mesmo de oito linhas.

*O começo do cânone medieval, intitulado "Sumer is icumen in", escrito por volta de 1250. As notas em forma de losango estão dispostas em seis linhas.*

## A pauta de cinco linhas

Finalmente, a pauta de cinco linhas acabou sendo aceita como a que tinha mais utilidade e a que proporcionava leitura mais fácil. As diferentes notas são colocadas tanto sobre linhas como nos espaços entre elas. Quanto mais alta a posição de uma nota na pauta, mais alto será o seu som.

Ex. 1

## Claves

São sete notas ao todo, cada uma com seu nome: dó, ré, mi, fá, sol, lá, si. Após o si, retoma-se novamente o dó. Pelas notas do exemplo acima, vê-se com clareza que os sons vão gradativamente elevando-se. Porém, nenhuma das notas possui uma indicação que precise exatamente a sua altura. Por esse motivo, torna-se necessário o sinal escrito no início da pauta, denominado **clave** (em latim, "chave"). A clave fixa a altura de uma das cinco linhas da pauta, dando, assim, a "chave" ou orientação para o reconhecimento das outras linhas e espaços. As duas claves mais comumente usadas são as de **sol** e de **fá**:

## Clave de sol e clave de fá

A **clave de sol** é usada para indicar a altura das notas que se acham acima do dó central. Originalmente, era representada por um G ornamental, letra que designa a nota sol nos países anglo-saxônicos e que se transformou numa figura centrada na segunda linha da pauta, marcando-a como a linha da nota sol:

O violino, a flauta, o trompete e todos os instrumentos de sonoridade alta usam a clave de sol.

A **clave de fá** é usada para indicar a altura das notas que se acham abaixo do dó central. Originalmente, era representada por um F, letra que designa a nota fá nos países anglo-saxônicos. Os dois pontos colocados acima e abaixo da quarta linha são para marcá-la como sendo a da nota fá:

O violoncelo, o contrabaixo, o fagote e todos os instrumentos de sonoridade baixa usam a clave de fá.

Isto é o que acontece com as notas do exemplo 1, quando as claves de sol e de fá são postas uma ao lado da outra:

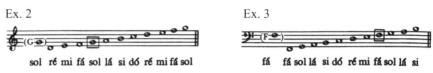

## Linhas suplementares

Para se escrever notas mais altas ou mais baixas do que as mostradas nos exemplos 2 e 3, basta que se acrescentem pequeninas *linhas suplementares* acima ou abaixo da pauta. O dó central, por exemplo, tanto poderá ser escrito numa linha suplementar colocada acima daquelas da clave de fá, como numa que esteja sob a pauta da clave de sol. Aqui, as claves de fá e sol aparecem unidas (como nas partituras para piano) e ligadas pelo dó central, escrito nas duas. Repare, porém, que esta nota é uma só no teclado do piano (veja o diagrama da p.8).

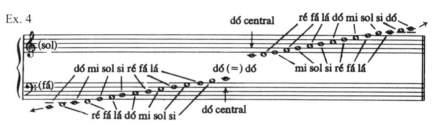

## A clave de dó

Há ainda uma terceira clave que é a de dó – originalmente representada por um "C" ornamentado, nos países anglo-saxônicos corresponde à nota dó. Hoje em dia, esta clave vem na terceira ou na quarta linha da pauta. Nessas duas posições, ela define a linha do dó central:

Esta é a clave de dó na terceira. O seu uso na época atual está praticamente restrito às partituras para viola.

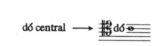

Esta é a clave de dó na quarta e corresponde à parte do tenor. É usada para escrever as notas mais altas do violoncelo, do fagote e do trombone-tenor.

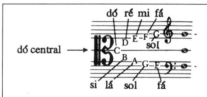

Uma pauta onde se vê a clave de dó "pegando" ao mesmo tempo linhas das claves de sol e de fá.

### Exercício 3

Copie o que está abaixo, escrevendo sob as notas os respectivos nomes.

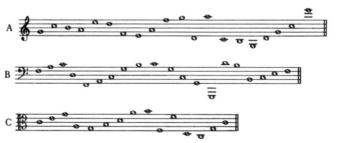

### Exercício 4

Sabendo-se que, em inglês e alemão, as notas são designadas pelas letras a, b, c, d, e, f, g, que correspondem respectivamente aos nossos lá, si, dó, ré, mi, fá, sol, escreva as notas correspondentes às letras que formam as seguintes palavras: Ada, baga, café, cabe, Eda, face, fada, beba, beca, cada.

# 3
# Notação musical: ritmo

A música é dividida ou medida em compassos construídos com *barras* ou *travessões*. O fim de uma peça ou de uma seção é indicado por uma *barra dupla*.

Quando ouvimos uma música "batendo" o seu compasso, talvez com o pé, estamos marcando o número de tempos (ou de batidas) por compasso, ou seja, marcando o "tempo" ou a "métrica" da música.

| | | | |
|---|---|---|---|
| compasso binário | (2 tempos por compasso) | \| Um dois | \| Um dois |
| compasso ternário | (3 tempos por compasso) | \| Um dois três | \| Um dois três |
| compasso quaternário | (4 tempos por compasso) | \| Um dois três quatro | \| Um dois três quatro |

**Exercício 5**  Ouça o começo de cada uma dessas peças e descubra quantos tempos há em cada compasso:

a) Mozart: terceiro movimento de *Eine Kleine Nachtmusik*
b) Bizet: Prelúdio do segundo ato da *Carmem* ("Les Dragons d'Alcala")
c) Grieg: *Dia de Núpcias em Troldhaugen*
d) Holst: "Marte, o Guerreiro" de *Os Planetas*

## Valores de notas

Em cada nota escrita numa pauta de cinco linhas há dois tipos de informação: uma, a **altura**, é dada pela posição da nota na linha ou no espaço da pauta. A outra, o **valor**, isto é, o tempo de duração de uma nota em relação à outra, é dada pelo formato e configuração da nota.

Para cada espécie de nota há um sinal, denominado **pausa**, que indica o tempo de silêncio de duração equivalente ao da nota que lhe corresponde. No quadro a seguir, cada nota ou pausa dura a metade do tempo da que está situada imediatamente acima.

| Nome | Nota | Pausa | Valor tomado com relação à semínima |
|---|---|---|---|
| semibreve | 𝅝 | 𝄻 | 4 tempos |
| mínima | 𝅗𝅥 ou 𝅗𝅥 | 𝄼 | 2 tempos |
| semínima | 𝅘𝅥 ou 𝅘𝅥 | 𝄽 ou 𝄽 | 1 tempo |
| colcheia | 𝅘𝅥𝅮 ou 𝅘𝅥𝅮 | 𝄾 | $\frac{1}{2}$ (2 para cada tempo) |
| semicolcheia | 𝅘𝅥𝅯 ou 𝅘𝅥𝅯 | 𝄿 | $\frac{1}{4}$ (4 para cada tempo) |
| fusa | 𝅘𝅥𝅰 ou 𝅘𝅥𝅰 | 𝅀 | $\frac{1}{8}$ (8 para cada tempo) |

Mostramos aqui como a semibreve se divide em notas de menor valor:

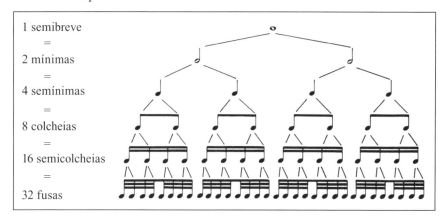

## Notas ligadas e pontuadas

As notas de mesma altura estão, por vezes, "ligadas" por uma linha curva, denominada **ligadura**. Disso, resulta um som sustentado, cuja duração é a soma dos valores das duas notas:

$\circ \, \d \; (= 4 + 2 = 6)$  $\d \, \d \; (= 2 + 1 = 3)$  $\d \, \eighth \; (= 1 + \frac{1}{2} = 1\frac{1}{2})$

Outro meio de prolongar o som é colocando um ponto após a nota. O ponto acrescenta à nota metade do valor que ela já tem:

$\circ . = \circ \, \d \; (4 + 2 = 6)$  $\d . = \d \, \d \; (2 + 1 = 3)$  $\d . = \d \, \eighth \; (1 + \frac{1}{2} = 1\frac{1}{2})$

Se houver um segundo ponto, este irá acrescentar à nota a metade do valor do primeiro ponto:

$\d .. \; = \; \d + \d + \eighth$    $\d .. \; = \; \d + \eighth + \sixteenth$

O(s) ponto(s) pode(m) também ser colocado(s) após as pausas.

## Grupo de notas

Como se pode ver pelo quadro anterior, quando as notas de menor valor que a semínima pertencem a um mesmo tempo, elas têm suas caudas ligadas formando um único grupo.

Aqui, damos alguns exemplos:

♪ ♪ torna-se ♫    ♪ ♬ torna-se ♬♪    ♪. ♪ torna-se ♪.♪

**Exercício 6**

a) Para cada um desses desenhos rítmicos, escreva uma única nota que tenha o mesmo valor total das notas:

b) Para cada um dos desenhos rítmicos acima, escreva uma única pausa que corresponda aos seus respectivos valores.

**Exercício 7**

Faça desenhos rítmicos que sejam equivalentes às notas dadas abaixo. (Cada um deles pode valer um tempo do compasso.)

a) ♩   b) ♩.   c) ♩.   d) 𝅝

**Exercício 8**

Se esses dois quadros fossem prolongados, a nota seguinte seria uma semifusa. Perguntamos então:
a) Quantas semifusas equivalem a uma semínima?
b) Escreva uma semifusa e a pausa que lhe corresponde.

# 4
# Indicação numérica dos compassos

A **indicação numérica do compasso** é feita com dois números escritos um sobre o outro, no começo da música. Assim temos o **tempo** (o número de tempos por compasso) que o compositor está usando. Se a unidade de tempo for apenas uma nota simples (não uma nota pontuada), diremos que a música está composta em *compasso simples*. Se, entretanto, a unidade de tempo for uma nota pontuada, a música estará num *compasso composto*.

No **compasso simples**, a unidade de tempo é uma nota divisível por dois. No **compasso composto**, a unidade de tempo é dividida em três. Por exemplo:

compasso simples ♩ ♩ = ♫ ♫    compasso composto ♩. ♩. = ♫♫♫ ♫♫♫

É esta divisão em três tempos que, frequentemente, dá à música escrita num compasso composto o seu ritmo de dança, que tanto poderá ser calmo e cadenciado (no caso de andamentos moderados e lentos) como saltitante (de andamentos vivazes e rápidos).

Num **compasso simples**, o numerador (veja o quadro a seguir) sempre indica o número de tempos de cada um dos compassos. O denominador representa uma fração da semibreve e indica que *espécie* de nota foi tomada como unidade de tempo. Observe o quadro da p.13 e veja, por exemplo, como $\frac{3}{2}$ = três partes de uma semibreve são três mínimas por compasso ou como $\frac{4}{4}$ = quatro quartos de uma semibreve são quatro semínimas por compasso, e assim por diante.

**Exercício 9**

Escreva as frações que expressam um:
a) compasso binário simples que tenha a semínima para unidade de tempo
b) compasso ternário simples que tenha a mínima para unidade de tempo
c) compasso quaternário simples que tenha a semínima para unidade de tempo
d) compasso ternário simples que tenha a colcheia para unidade de tempo

Já o **compasso composto** é um tanto diferente. Nele, a unidade de tempo é uma nota pontuada que se divide em três – aqui, o que importa é o número três. Embora um compasso composto, como $\frac{6}{8}$, nos informe corretamente que são seis colcheias por compasso, a sua unidade de tempo é uma semínima pontuada. Uma colcheia vale, de fato, apenas um terço da unidade de tempo. Desse modo, para encontrar o número de tempos existentes no compasso, basta que se divida o numerador da fração por três.

Este quadro mostra os compassos mais frequentemente empregados:

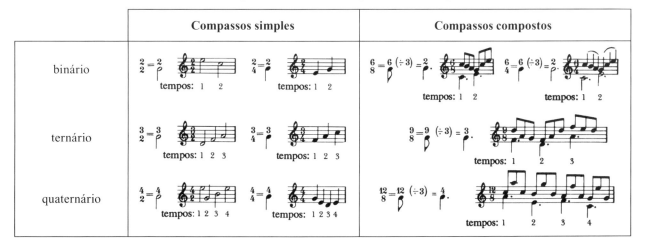

Os compositores costumam também escrever **C** em vez de $\frac{4}{4}$ (muitas vezes chamado tempo simples) e **¢** em vez de $\frac{2}{2}$. Não se trata, entretanto, da letra C usada como abreviação de "comum", mas porque durante a Idade Média o compasso ternário era indicado por um **O** – a figura de um círculo considerada, então, como símbolo da perfeição.

Já os compassos binário e quaternário, marcados por um **C**, isto é, um círculo partido, eram vistos como imperfeitos.

**Exercício 10** Escreva as frações que expressam:
a) o compasso binário composto com a semínima pontuada para unidade de tempo
b) o compasso ternário composto, com a semínima pontuada para unidade de tempo

**Exercício 11** Quantos tempos há em cada um desses compassos?

Qual a unidade de tempo de cada um deles? Responda escrevendo o nome da nota e fazendo a respectiva figura musical.

**Exercício 12** Indique um compasso para os seguintes fragmentos de música. Se reconhecer as melodias, cite o nome das peças a que pertencem.

# 5
# Escalas e tons

Escala (do latim *scala*, significando escada) é uma série de sons conjuntos que se sucedem em direção ascendente ou descendente. Na música ocidental, a distância entre os dois sons conjuntos que guardam entre si o menor intervalo é conhecida como *semitom*. No teclado do piano, qualquer nota guarda o intervalo de um semitom com relação àquela que lhe fica mais próxima:

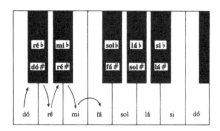

Um intervalo de dois semitons (por exemplo, de dó a ré ou de ré a mi) equivale a um *tom*. Já o de mi a fá é apenas de um semitom.

Repare que as notas pretas do teclado têm os mesmos nomes que os de suas vizinhas brancas e que cada uma delas possui dois nomes. Se a nota preta, entre o dó e o ré, for vista como um semitom mais alto do que o dó, ela será dita dó sustenido (dó ♯), mas se for considerada um semitom mais baixo do que ré, irá denominar-se ré bemol (ré ♭). Estes sinais são chamados *acidentes* e são escritos antes das notas que eles alteram:

| | | |
|---|---|---|
| ♯ | sustenido | eleva a nota em um semitom |
| ♭ | bemol | abaixa a nota em um semitom |
| ♮ | bequadro ou natural | anula o sustenido ou o bemol anterior e restabelece a altura original da nota |
| × | dobrado sustenido | eleva a nota em dois semitons (= um tom) |
| ♭♭ | dobrado bemol | abaixa a nota em dois semitons (= um tom) |

A maioria das músicas ouvidas atualmente está baseada em dois tipos de escala: *maior* e *menor*.

## A escala maior

Toque ou ouça as teclas brancas que vão do dó central ao dó uma oitava acima. Esta é uma **escala maior** e, porque começa e termina com a nota dó, é chamada escala de dó maior. Todas as outras escalas maiores são igualmente formadas de tons e semitons – indicados na figura pelas letras T e S – que estão arrumados de acordo com um esquema extremamente preciso:

Repare que, nas escalas maiores, os semitons sempre aparecem entre as terceira e quarta notas e as sétima e oitava. A escala maior pode começar em qualquer nota, mas este esquema de tons e semitons jamais se altera. A de dó maior, entretanto, é a única escala que pode ser tocada exclusivamente nas notas brancas do teclado. Na construção das outras, é necessário que se usem as notas pretas e que estas sejam devidamente designadas.

Por exemplo, na escala de fá maior, para que haja o intervalo de um semitom entre as terceira e quarta notas, há que se empregar o si bemol. Na escala de sol maior, para que seja formado o intervalo de um tom entre a sexta e a sétima notas, é preciso que se use o fá sustenido.

## Como se designam as notas de uma escala

Os graus (as notas consideradas individualmente) de uma escala são designados por números ou por termos de solmização ou por nomes técnicos:

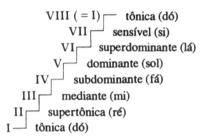

## A escala menor

A diferença mais importante entre uma escala maior e uma menor é o abaixamento da terceira nota da escala menor em um semitom:

a escala de dó maior começa com uma 3ª maior (= 1 tom + 1 tom)

a escala de dó menor começa com uma 3ª menor (= 1 tom + 1 semitom)

Há duas espécies de escala menor: *harmônica* e *melódica*.

## Harmônica

Na *escala harmônica* – assim chamada por suas notas serem mais propícias à formação de acordes e harmonias –, tanto a terceira nota como a sexta estão abaixadas. Disso resulta um intervalo de tom e meio (= três semitons), da sexta para a sétima nota, que apresenta uma certa dificuldade.

harmônica, dó maior

## Melódica

Na *escala melódica* – assim chamada por suas notas serem mais adequadas à construção de melodias – diminui-se a dificuldade desse intervalo, alterando, na subida, a sexta nota, mas abaixando, na volta, a sexta e sétima notas:

melódica, dó menor

## Tons e armadura

Quando se diz que uma música está "no tom de", por exemplo, sol maior ou dó menor, significa que ela é fundamentalmente composta com as notas pertencentes a uma dessas duas escalas. Entretanto, para não ter que escrever os devidos **acidentes** (sustenidos e bemóis) todas as vezes que se façam necessários, o compositor os indica no começo de cada pauta da música, logo depois da clave. Esta indicação é a **armadura** e mostra o tom que ele escolheu para a sua composição.

Há uma armadura para cada tom maior, embora a de dó maior esteja em branco, já que nesse tom não entram sustenidos, nem bemóis. A armadura dos tons maiores, entretanto, é a mesma dos tons menores, que têm suas escalas começadas três semitons mais abaixo, ou seja, na sexta nota (na superdominante ou no lá) da escala maior.

O quadro seguinte fornece as armaduras mais frequentes. Em todos os exemplos, a nota branca é a tônica do tom maior e a preta a tônica de seu *relativo menor*, portanto, ambos com a mesma armadura. A nota sensível de tons menores é a que está entre parênteses. Ela não faz parte da armadura e, quando é usada, vem escrita na música como acidente.

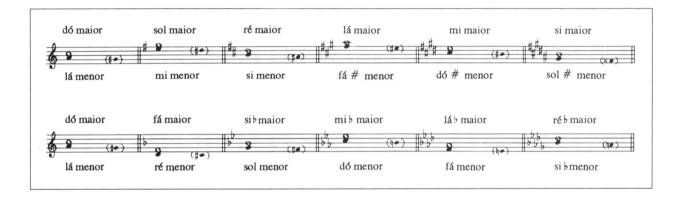

## Como reconhecer uma armadura

Observe que, nas armaduras com sustenidos dos tons maiores, a tônica está um semitom acima do último sustenido. Já nas armaduras com bemóis de tons maiores, a tônica corresponde ao último bemol. Mas não se esqueça de que cada armadura pode pertencer tanto a um tom maior como a um menor. Se o seu ouvido lhe disser que a música está em tom menor, procure verificar se a sensível aparece, com frequência, escrita na música como acidente.

## Outras variedades de escalas

Há muitos outros tipos de escalas em que a música se fundamenta. Destes, os mais importantes são: a escala *cromática*, a de *tons inteiros* e a *pentatônica*.

A **escala cromática** é composta exclusivamente de semitons. Numa oitava, por exemplo, há 12 intervalos, todos formados de um semitom.

A **escala de tons inteiros** é a que não contém semitons e, como indica seu nome, é formada apenas de notas que guardam entre si o intervalo de um tom.

A **escala pentatônica** é aquela formada de apenas cinco notas compreendidas no intervalo de uma oitava. Aqui, damos dois exemplos (o segundo é uma escala pentatônica formada exclusivamente com as notas pretas do teclado do piano):

A conhecida melodia "Auld Lang Syne", por exemplo, é composta a partir dessa escala.*

**Exercício 13**  Primeiramente copie, designando as notas pelos seus nomes. Depois, de acordo com a posição das notas no piano, dê outro nome para os mesmos sons. (Por exemplo, no piano, fá ♯ = sol ♭.)

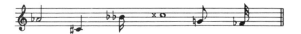

**Exercício 14**  Procure ouvir trechos dessas obras e tente descobrir se a música começa num tom maior ou menor. Em seguida, escreva a armadura correta. (A nota tônica está dada entre parênteses, após os títulos.)

a) Tchaikovsky: *Barcarolle* (sol)
b) Schubert: *Marcha Militar* (ré)
c) Brahms: Valsa Op.39, N.1 (si)
d) Mozart: Rondó "*alla Turca*" da Sonata K331 (lá)
e) Schumann: "Träumerei" de *Cenas Infantis* Op.15 (fá)
f) Beethoven: *Sonata ao Luar* (dó)
g) Villa-Lobos: *Garibaldi foi à Missa* (lá)
h) Chopin: *Estudo Revolucionário* Op.10, N.12 (dó)

**Exercício 15**  a) Escreva com semibreves e na clave de sol o que está indicado abaixo. Todos os exemplos devem apresentar as suas devidas armaduras.

- sol maior: nota tônica, seguida da subdominante
- ré menor: dominante, supertônica
- si ♭ maior: sensível, tônica
- lá maior: subdominante, tônica
- mi menor: mediante, sensível
- dó menor: mediante, supertônica, dominante, sensível, tônica

b) Reescreva os exemplos acima, mas usando a clave de fá.

---

* As escalas pentatônicas são muito usadas por Debussy, por exemplo em "Brouillards", um de seus prelúdios para piano. (N.R.T.)

# 6 Intervalos

**Intervalo** é a diferença de altura entre dois sons, que podem ser emitidos simultaneamente, ou um após o outro, como no canto. Identifica-se o intervalo pelo número de notas que ele abrange, isto é, pela sua nota mais baixa e a mais alta. Por exemplo, dó-mi é um intervalo de terça, já que nele estão compreendidas três notas (dó, ré, mi); dó-fá equivale a uma quarta (dó, ré, mi, fá); dó-sol a uma quinta (dó, ré, mi, fá, sol); e assim por diante.

## Qualidade

Além do número de notas, os intervalos se identificam também pela *qualidade*. Eles são descritos como justo, maior, menor, aumentado, diminuto. Os intervalos *justos* são os de quarta, quinta e oitava. Os intervalos de segunda, terça, sexta e sétima podem ser maiores ou menores. No exemplo 1, eles são *maiores* – estão como se apresentam nas escalas maiores, aquelas usadas como o padrão da medida de intervalo. (Qualquer escala maior poderia ter sido igualmente usada.) Quando esses intervalos são reduzidos de um semitom, eles se tornam menores:

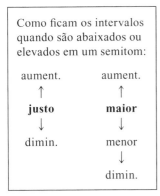

Se os intervalos justos ou maiores forem acrescidos de mais um semitom, serão ditos *aumentados* (veja o exemplo 3).

Se os intervalos justos ou menores forem reduzidos de um semitom, serão ditos *diminutos* (veja o exemplo 4).

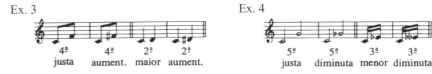

## Inversão de intervalos

Quando as notas de um intervalo trocam de posição, diz-se que o intervalo se acha *invertido* ("virado ao contrário"). Para se encontrar o número de notas que estão compreendidas no novo intervalo, subtrai-se de 9 o valor do intervalo original. Por exemplo, as de segunda tornam-se sétimas, as de terça ficam sextas, as quartas transformam-se em quintas etc.

Isto é o que acontece com a qualidade de um intervalo quando ele é invertido:

| | |
|---|---|
| justo permanece justo | aumentado torna-se diminuto |
| maior torna-se menor | diminuto torna-se aumentado |
| menor torna-se maior | |

**Exercício 16**

a) Classifique os seguintes intervalos. Primeiramente, quanto ao número de notas (em seu cálculo, não se esqueça de incluir a nota mais baixa); depois, quanto à qualidade. Tome a nota mais baixa como a tônica de uma escala maior. Em seguida, verifique se a nota mais alta aparece nesta escala e veja se os intervalos são justos ou maiores ou se estão elevados ou abaixados em um semitom.

b) Faça a inversão dos intervalos acima e os classifique novamente.

# 7

# Termos italianos

Os compositores italianos foram os pioneiros a dar "instruções" por escrito em certos lugares das partituras. Logo, os compositores de outros países passaram a copiá-los, quase todos valendo-se das palavras usadas pelos seus colegas italianos, universalizando-as.

Aqui, damos alguns dos termos italianos mais comumente usados pelos compositores:

**A**   Termos relacionados a **andamento** (velocidade)

| | |
|---|---|
| *grave* sério, grave – em geral muito vagaroso | Termos que indicam **mudança** de andamento |
| *lento* lento | |
| *largo* largo, muito vagaroso | *accelerando* (*accel.*) acelerando, aumentando a velocidade |
| *larghetto* não tão largo | |
| *adagio* calmo – em geral bastante vagaroso | *stringendo* apressando |
| | *allargando* alargando |
| *andante* em passo tranquilo, andando | *rallentando* (*rall.*) afrouxando |
| | *ritardando* (*rit.*) atrasando, retardando |
| *andantino* menos vagaroso que o andante | *ritenuto* (*riten.*) retardando, em geral subitamente |
| *moderato* moderadamente | |
| *allegretto* não tão depressa quanto o *allegro* | *meno mosso* menos movimentado, mais devagar |
| *allegro* depressa, animado | *più mosso* mais movimentado, mais depressa |
| *vivace* com vivacidade | |
| *presto* muito depressa | *a tempo* ou *tempo primo* retomar o andamento original |
| *prestissimo* o mais depressa possível | |

Algumas vezes, além de (ou no lugar de) escrever em italiano o andamento desejado, os compositores usam uma indicação para metrônomo. Este instrumento, inventado por um amigo de Beethoven, chamado Maelzel, marca com tique-taques o número de tempos por minuto numa dada velocidade. Por exemplo:

M.M. (metrônomo de Maelzel) ♩ = 120

significa um andamento de 120 batidas por minuto (ou duas por segundo).

**B**   Indicações de dinâmica são as que determinam o **volume** ou a **intensidade** sonora.

| | |
|---|---|
| *pianissimo* (*pp* ou *ppp*) muito suave | *crescendo* (*cresc.*) cada vez mais forte |
| *piano* (*p*) suave | |
| *mezzo piano* (*mp*) moderadamente suave | *decrescendo* (*decresc.*) cada vez mais suave |
| *mezzo forte* (*mf*) moderadamente forte | *diminuendo* (*dim.* ou *dimin.*) cada vez mais suave |
| *forte* (*f*) forte | *sforzando* (*sf* ou *sfz*) e *forzato* (*fz*) enfatizando o som, acentuando a nota |
| *fortissimo* (*ff* ou *fff*) fortíssimo | |
| *fp* forte, seguido de piano súbito | |

Aos termos acima podem ser acrescentadas palavras como:

*molto* muito (*molto vivace* muito animado)
*assai* muito (*allegro assai* muito depressa)
*ma non troppo* mas não demasiado (*allegro ma non troppo* depressa mas não demasiado)

*più* mais (*più lento* mais lento)

*meno* menos (*meno forte* menos forte)

*poco a poco* pouco a pouco, gradativamente (*poco a poco crescendo* crescendo gradativamente)

*subito* subitamente (*subito piano* subitamente suave)

**C** Termos que descrevem **estilo**, **caráter** e **expressão**

| | |
|---|---|
| *agitato* agitado | *ped* (*pedale*) usar o pedal direito do piano |
| *animato* animado | |
| *appassionato* apaixonadamente | *pesante* pesadamente |
| *ben* bem (*ben marcato* bem marcado) | *piacevole* agradavelmente |
| *brillante* brilhantemente | *pizzicato* pinçado com o dedo (cancelado por *arco*, arcada) |
| *cantabile* cantando, de modo expressivo | *risoluto* resolutamente |
| *con* com (*con brio* com vigor; *con fuoco* com fogo; *con moto* com movimento; *con spirito* com espírito) | *rubato* ("roubado") com grande liberdade de andamento |
| | *scherzando* brincando, gracejando |
| | *semplice* com simplicidade |
| *deciso* com decisão, firmemente | *sempre* sempre |
| *divisi* dividido | *senza* sem |
| *dolce* docemente | *simile* similarmente |
| *doloroso* dolorosamente | *sordino* surdina (*con sordini* com surdinas; *senza sordini* sem surdinas) |
| *energico* com energia | |
| *espressivo* expressivamente | |
| *giocoso* jocoso | *sostenuto* sustentado |
| *giusto* justo, exato (*tempo giusto* no andamento exato) | *sotto voce* em voz baixa, fracamente |
| | *staccato* destacado, curto e seco |
| *glissando* deslizando | *tacet* ficar em silêncio (plural: *tacent*) |
| *grazioso* gracioso | *tenuto* sustentado, apoiado |
| *legato* ligado | *tranquilo* tranquilo, calmo |
| *leggiero* com ligeireza, agilmente | *tre corde* soltar o pedal doce do piano |
| *maestoso* majestoso | |
| *martellato* martelado | *tutti* todos os instrumentos tocando |
| *marcato* marcado | *una corda* ("uma corda") usar o pedal doce do piano |
| *mesto* triste | |
| *misterioso* misterioso | *vivo* com vivacidade |

**Exercício 17**

a) Ao ouvir o início de cada uma das peças mencionadas, anote o seguinte:
- um termo italiano que indique o andamento da música
- uma indicação de dinâmica
- um termo (ou termos) que descreva(m) o estilo ou o caráter

b) Se houver alguma mudança significativa de andamento, dinâmica, estilo ou caráter, sugira palavras ou abreviações italianas que a expressem.
- Bizet: Prelúdio do 1º ato da *Carmem*
- Verdi: Prelúdio do 1º ato de *La Traviata*
- Mendelssohn: *Scherzo* da música de cena para "Sonho de uma Noite de Verão", de Shakespeare
- Wagner: Abertura de *Os Mestres Cantores*
- Mozart: Segundo Movimento do Concerto para Piano N.21 em Dó (K467)
- Prokofiev: "Romeu na Tumba de Julieta" de *Romeu e Julieta*
- Grieg: "No Salão do Rei da Montanha" de *Peer Gynt*

# 8
# Sinais, símbolos e abreviações

Além de usar palavras e expressões italianas, os compositores também se valem de certos sinais e símbolos – uma espécie de taquigrafia musical – para indicar o mais sucintamente possível a maneira de se executar a música. Alguns desses sinais e símbolos, mais usuais, acham-se aqui explicados:

sinal de *crescendo*, significa uma sonoridade cada vez mais forte

sinal de *diminuendo*, significa uma sonoridade cada vez mais fraca

sinais de repetição, significam uma repetição do trecho a partir do par de pontos imediatamente anterior ou, na ausência destes, do começo da música

significa "1ª e 2ª vez" no fim de uma seção repetida. Na 1ª vez, tocar o(s) compasso(s) indicado(s) com 1. , mas, na repetição, passar direto para aqueles marcados com 2.

**D.C.** abreviação de *da capo*, significa repetir "desde o começo"

***Dal segno*** 𝄋 significa uma repetição "a partir do sinal"

***Fine*** "fim"; *da capo al fine*, isto é, repetir "desde o começo e terminar onde está a palavra *fine*"

este sinal – fermata – escrito em cima ou embaixo da nota (ou pausa) indica que o som deve ser sustentado mais tempo que o seu valor

repetir o compasso anterior

**G.P.** pausa geral a ser observada por todos os músicos

8va passagem a ser executada uma oitava acima ou abaixo da que está escrita. Isto evita o uso excessivo de linhas suplementares

***con 8*** a nota uma oitava abaixo é para ser tocada ao mesmo tempo que a escrita

sinal de *arpeggio* ("à maneira de harpa"); tocam-se as notas do acorde uma após outra, a começar pela mais baixa

uma linha curva posta sobre ou sob notas de diferentes alturas indica que estas devem ligar-se uma à outra sem que haja interrupção do som (*legato*)

pontos em cima ou embaixo das notas indicam que elas devem ter sons curtos e destacados (*staccato*)

"cunhas" em cima ou embaixo das notas indicam que elas devem ter sons extremamente curtos e destacados

sinal de *tenuto* ("sustentado"), significa que a nota deve ser acentuada e sustentada mais tempo que aquele indicado pelo seu valor

sinal de "tresquiáltera", isto é, três notas tocadas ou cantadas no tempo que corresponde ao de duas notas de igual valor

pontas de flecha sobre ou sob as notas indicam acento, ênfase ou ataque forte e sustentado

**Op.** abreviação de *opus* ("obra"); Op.10 N.2, por exemplo, significa que determinada peça é o segundo item da décima obra escrita pelo compositor

***a 2*** esta indicação tem pelo menos dois significados: (a) nas partituras de orquestra, (*divisi*) *a 2* significa que determinados instrumentos do naipe das cordas estão divididos em dois grupos, cada qual tocando partes distintas; (b) para outros instrumentos da orquestra (como trompetes ou flautas), *a 2* significa que determinada parte é para ser compartilhada por dois instrumentos

# 9
# Ornamentos

Ornamentos são notas "extras" usadas para enriquecer uma linha melódica. Costumam aparecer ou na forma de pequeninas notas escritas entre as notas principais da melodia, ou indicados por sinais, e, novamente aqui, temos uma "taquigrafia musical".

O quadro seguinte apresenta os ornamentos mais prováveis que você poderá encontrar. Ao lado de cada um, está a explicação de como deve ser executado. No entanto, há que se notar pelo menos dois importantes fatores em função dos quais uma execução dos ornamentos pode variar. O primeiro refere-se ao período da história da música a que pertence a peça e o outro diz respeito ao seu andamento.

Por exemplo, o trinado numa peça de Bach (século XVIII) não será exatamente o de uma música de Chopin (século XIX), embora ambos, em essência, consistam numa nota principal executada alternadamente com a que está logo acima. Assim, quanto ao andamento, o trinado de uma música lenta terá mais notas do que o de uma outra de andamento rápido.

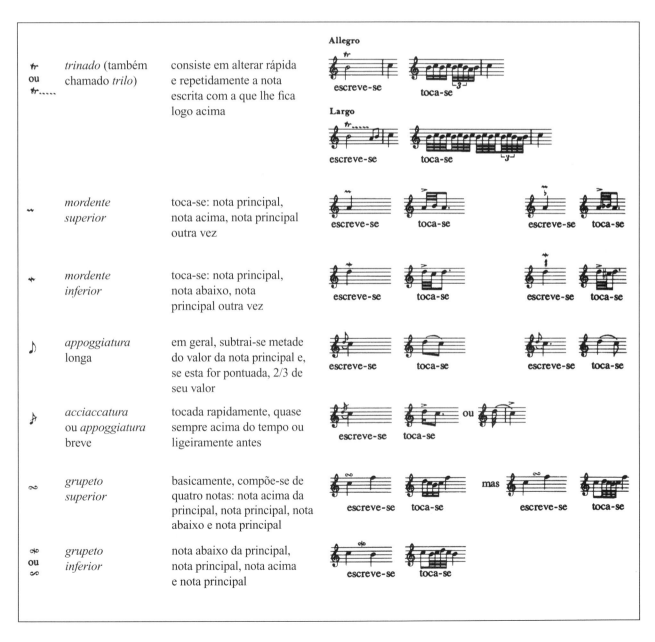

# Exercício Especial A

Para este exercício especial são dados sete trechos de músicas das mais variadas, correspondendo a cada uma determinado número de questões. O seu trabalho consistirá em ouvir umas três ou quatro vezes cada um desses trechos e descobrir as respostas que lhes são pertinentes.

Aqui, vão algumas sugestões que poderão ajudá-lo:

Antes de ouvir um trecho, observe na partitura a linha melódica e leia com atenção todas as perguntas. Assim, você terá, por antecipação, uma ideia do que o aguarda.

Em algumas questões, você terá que *ouvir* primeiramente para depois responder. Descubra que questões são essas e pense na música para saber, antes de ouvi-la, *por que* a está ouvindo. Procure, na última vez que ouvir, fazer uma avaliação de suas respostas.

Com relação às outras questões, é possível que você possa resolvê-las unicamente pelo exame da linha melódica na partitura. Estude-as *entre* uma audição e outra.

**1   Sinfonia N.9 em Dó Maior**         Schubert (1797-1828)

a) Qual destas indicações de dinâmica poderia ser posta embaixo do primeiro compasso na música?

() *p*     () *mf*     () *f*     () *ff*

b) Está faltando um dos números do compasso no início da pauta. Qual é ele?
c) Escolha uma indicação de andamento que convenha à música e dê o seu significado em português:

( ) *lento*     ( ) *andante*     ( ) *presto*

d) Represente todos os valores de notas que se encontram nesta melodia.
e) Faça uma lista ordenando as notas pelos seus valores, começando pela de duração mais curta. Depois, dê nome a cada uma delas e o seu valor com relação ao tempo.
f) Indique outro compositor que tenha vivido na mesma época de Schubert.

**2   Segundo Movimento**         Beethoven (1770-1827)
  **da Sonata "Patética"**

a) Qual destes termos italianos melhor convém à peça?

( ) *adagio cantabile*   ( ) *allegro appassionato*   ( ) *presto con fuoco*

b) Nesta peça, quantos tempos há em cada compasso?
c) Quanto vale cada tempo?

d) O que significa a letra *p* embaixo do primeiro compasso? Ela é a abreviação de que palavra italiana?
e) Das duas palavras abaixo, qual a que descreve a maneira como é tocada a música?
  ( ) *staccato*   ( ) *legato*
f) Beethoven também pede ao pianista que ele toque *dolce*. O que significa isso?
g) Dê o nome e o valor de cada uma das seguintes notas:
  • 1ª nota do compasso 2
  • 2ª nota do compasso 4
  • última nota do compasso 7
  • última nota do compasso 11
h) Em qual compasso o pianista toca tresquiálteras? O que é uma tresquiáltera?

## 3  "A Morte de Åse" de *Peer Gynt*      Grieg (1843-1907)

a) Explique o andamento marcado por Grieg: *andante doloroso*.
b) Qual o naipe da orquestra que toca esta parte da música?
c) Qual destas palavras poderia ser descrita embaixo do compasso 1?
  ( ) *pizzicato*   ( ) *con sordino*   ( ) *una corda*
d) Nesta peça, quantos tempos há em cada compasso? Qual é a unidade de tempo?
e) Escolha uma dessas indicações de dinâmica para o começo do compasso 4:
  ( ) *pp*   ( ) *mf*   ( ) *ff*
f) Explique: ♩ = 50, colocado entre parênteses, depois da indicação de andamento.
g) A música está composta em tom maior ou menor? Qual é o seu tom?
  (O acidente no começo do compasso 8 é o da nota sensível da tonalidade.)
h) Cite outra composição de Grieg que você conheça.

## 4  Minueto da Sonata Hob.XVI/8      Haydn (1732-1809)
para Piano

a) Qual das expressões italianas convém a esta música?
  ( ) *lento doloroso*   ( ) *allegro con fuoco*   ( ) *allegretto grazioso*
b) Em que tom a música está composta?
c) Explique o compasso numérico dado por Haydn a este minueto.
d) Dê os nomes das duas primeiras notas da melodia.
e) Explique a linha curva colocada sobre essas duas notas.

f) O intervalo formado por essas duas notas é de quarta justa, terça maior ou terça menor?
g) Dê o significado dos seguintes sinais e ornamentos:

    :‖    𝄽    ♪    tr    3

h) Mencione outro compositor que tenha vivido na mesma época de Haydn.

## 5   *Noturno*, Op.9, N.2                     Chopin (1810-1849)

a) O que quer dizer *espressivo dolce*?
b) Qual das duas palavras convém a esse estilo de execução: *legato* ou *staccato*?
c) Sugira uma indicação de dinâmica para o começo da melodia.
d) Explique: ⸺⸺⸺
   Como se chamam estes sinais?
e) Dê os nomes da segunda e quarta notas do compasso 8.
f) A música está composta em tom maior ou menor? Qual é o seu tom?
g) Diga o nome dos ornamentos que foram usados por Chopin nesta peça para enriquecer a parte melódica:

    ∽    ⁓    tr    ♪

h) O compasso deste *Noturno* é composto. Perguntamos então:
 • Quantos tempos existem por compasso?
 • Qual é a unidade de tempo?
i) O que significa Op.9, N.2?
j) Cite outras peças de Chopin que você conheça.

## 6   Variação N.9 ("Nimrod")               Elgar (1857-1934)
    de *Variações Enigma*

a) Explique o andamento indicado por Elgar.
b) Está faltando o compasso numérico. Qual seria?
c) O que quer dizer *diminuendo*? Que palavra italiana significa exatamente o oposto?
d) Esta música é quase toda tocada por apenas um dos naipes da orquestra. Qual é ele?
e) Em qual compasso entram os instrumentos de outro naipe?
f) Qual o intervalo formado pelas duas notas marcadas por uma chave no compasso 3?
g) Em que outros compassos esse mesmo intervalo aparece?

h) Diga os nomes e os valores da terceira e quarta notas do compasso 7.
i) De que nacionalidade era Elgar?
j) Cite outras composições deste compositor que você tenha ouvido.

## 7  Gavota da Sonata N.10 para Violino     Corelli (1653-1713)

a) Sugira um termo italiano que expresse o andamento desta música.
b) Qual é o tom desta Gavota?
c) Diga o tom que é o relativo menor – aquele que tem igual armadura.
d) Quantos tempos existem por compasso? Qual é a unidade de tempo?
e) Escreva de outra maneira o compasso no início da pauta, usado por Corelli.
f) Descreva o intervalo formado pelas duas primeiras notas do compasso. Em quais outros compassos este mesmo intervalo aparece?
g) Qual é a nota de menor valor que foi usada por Corelli nesta peça?
h) Qual é a de maior valor? Quanto vale esta nota dentro de um compasso?
i) Qual destes nomes corresponde à última nota da melodia?
   ( ) tônica   ( ) subdominante   ( ) dominante   ( ) sensível
j) Dê o nome técnico da primeira nota da melodia.
l) Explique a linha curva que une a última nota do compasso 7 à primeira do compasso 8.
m) Cite dois compositores que tenham vivido na mesma época de Corelli.

# Exercício Especial B

Como você pode ver, está faltando uma enorme quantidade de informações nestas quatro partituras de linhas melódicas. O seu trabalho será o de copiar cada uma das partituras e, em seguida, quando ouvir os trechos das músicas (umas quatro ou cinco vezes cada um), descobrir que informações são essas e acrescentá-las nos devidos lugares das partituras que você copiou.

Leia com muito cuidado todas as questões, antes de começar a ouvir.

### 1 Intermezzo da Suíte N.2 — Bizet (1838-1875)
#### de L'Arlésienne

Andante moderato

a) Escreva na sua partitura o número do compasso que está faltando.

b) Depois da indicação de andamento, escreva entre parênteses o seu significado.

c) Ponha sobre cada nota dos compassos 1 e 4 o sinal indicativo de "ataque com ênfase".

d) Embaixo do primeiro compasso, acrescente uma indicação de dinâmica que seja apropriada, escolhida da seguinte lista:

$$(\ )\ \boldsymbol{pp} \quad (\ )\ \boldsymbol{mp} \quad (\ )\ \boldsymbol{mf} \quad (\ )\ \boldsymbol{ff}$$

e) Sob o compasso 5, escreva outra indicação de dinâmica.

f) Acrescente uma pausa no fim do compasso 6 para completá-lo.

g) No começo desta melodia, todos os instrumentos tocam em uníssono. Escreva entre parênteses a palavra *harmonia* embaixo do primeiro compasso onde acordes são tocados.

### 2 Trumpet Voluntary* — Jeremiah Clarke (c.1674-1707)

a) Escolha um dos compassos abaixo e escreva-o em sua partitura, junto à clave.

$$(\ )\ \tfrac{2}{4} \quad (\ )\ \tfrac{3}{4} \quad (\ )\ \mathbf{C} \quad (\ )\ \tfrac{4}{2} \quad (\ )\ \tfrac{6}{8}$$

b) Sob a primeira nota, coloque uma indicação de dinâmica que seja condizente com a música.

c) Está faltando um ornamento no compasso 1. Escreva em sua partitura o sinal que lhe corresponde.

d) Acrescente este mesmo sinal em todos os lugares em que este ornamento é tocado.

e) Em sua partitura, escreva uma indicação de andamento da seguinte lista:

( ) *Adagio pesante*    ( ) *Andante cantabile*    ( ) *Allegro maestoso*

f) Nos compassos 2 e 3, escreva embaixo da pauta o ritmo da melodia.

g) Coloque no compasso 8 uma pausa para completá-lo.

---

\* *Voluntary*, termo que designa uma composição para órgão, em geral improvisada, tocada antes, depois ou nas pausas do serviço religioso anglicano. Os tipos mais característicos desta composição foram o *cornet voluntary*, o *diapason voluntary* e o *trumpet voluntary*. (N.T.)

## 3  Prelúdio em Lá Maior, Op.28, N.7     Chopin (1810-1849)

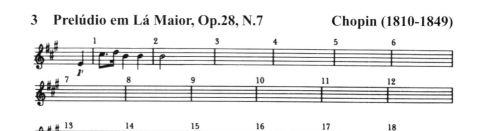

a) Esta peça é, na verdade, menor do que está aqui mostrada com os compassos em branco. Faça um travessão duplo onde de fato a música termina.
b) Está faltando a indicação do compasso junto à clave. Escreva-a em sua partitura.
c) Qual destas indicações de andamento combina com a velocidade da música?
    ( ) *Largo*    ( ) *Andantino*    ( ) *Allegro molto*
Escreva a que foi escolhida em cima do início de sua partitura.
d) Quantas vezes na peça este ritmo é ouvido?

♩ | ♩.♫♩ ♩ | ♩

Escreva sua resposta embaixo do compasso 2.
e) Em determinado compasso, o pianista "arpeja" as notas do acorde. Desenhe o sinal que lhe indica para fazer isso, no começo deste compasso, e ponha, embaixo, uma marca de dinâmica.
f) Embaixo do último compasso da peça, ponha uma indicação de dinâmica que signifique "muito suave". E, embaixo do compasso anterior, dê uma indicação de que a música é para ser tocada "cada vez mais suavemente".

## 4  Tema do Quarto Movimento     Schubert (1797-1828)
   do Quinteto "A Truta"

a) Ponha, no começo de sua partitura, uma indicação que seja apropriada ao andamento da música.
b) Ponha uma indicação de dinâmica sob a primeira nota da melodia.
c) Que instrumento toca a melodia? Escreva-lhe o nome embaixo do compasso 1.
d) Em que tom está a peça? Escreva a resposta no início da música, embaixo da pauta.
e) Escreva o número do compasso da música.
f) Nos compassos 5 e 6, escreva, sob a pauta, o ritmo da melodia.
g) No compasso 16, acrescente o ornamento que está faltando.
h) A melodia termina com a nota tônica que dura um tempo e meio. Escreva esta nota no último compasso.

# 10 Recursos rítmicos e melódicos

Os compositores dispõem de vários recursos rítmicos e melódicos – uma espécie de truques de profissão – que usam não só para dar maior interesse à ideia musical, como também para apresentá-la sob formas diversas ou mesmo para, de certa forma, estendê-la ou desenvolvê-la. Desses recursos, os mais importantes estão mostrados a seguir, todos baseados na ideia musical que abre o Concerto N.3 para Piano de Beethoven.

### Decoração

A melodia, aqui, por meio de acréscimo de notas "extras" ou ornamentos, é apresentada de forma diversa ou "decorada":

### Sequência

Uma frase da melodia pode ser imediatamente repetida num tom pouco mais alto ou mais baixo. A isto dá-se o nome de *sequência*:

### Imitação

Uma parte instrumental ou vocal expõe um fragmento melódico, para, logo em seguida, outra parte ou voz entrar com a *imitação* ou cópia deste mesmo fragmento:

Se a melodia estiver rigorosamente assim imitada teremos o que se denomina *cânone*, como, por exemplo, *Frère Jacques*.

### Inversão

Uma melodia pode ser *invertida* – "escrita ao contrário" – transformando-se os intervalos ascendentes na versão original em intervalos descendentes, e vice-versa:

### Aumentação

A melodia pode ser alargada por meio do emprego de notas de valores mais longos. A isto dá-se o nome de *aumentação*:

### Diminuição

Ou o compositor pode usar a *diminuição*, que é a construção da melodia com notas de valores mais curtos:

**Ostinato**   Um fragmento melódico ou rítmico pode ser insistentemente repetido na figura do *ostinato* (palavra italiana que significa "obstinado"):

**Síncope**   Quando usa a *síncope*, o compositor está alterando, de certo modo, a esperada acentuação nos tempos fortes do compasso, o que ele pode fazer usando pausas em tempos fortes ou acentuando os tempos fracos:

Exercício 18   a) Ouça ou toque esta melodia tirada do Finale da Quinta Sinfonia de Beethoven:

b) Em cada um dos exemplos dados, identifique o recurso rítmico ou melódico que é usado para tratar a melodia:

Exercício 19   Ponha à prova sua capacidade usando você mesmo alguns desses recursos musicais. A melodia abaixo é o seu material básico e você irá tratá-la, cada vez, empregando um dos seguintes recursos: argumentação, diminuição, inversão ou decoração.

Em seguida, toque os seus exemplos, fazendo algumas correções que talvez sejam necessárias.

# 11
# Acordes perfeitos ou tríades

Duas ou mais notas emitidas ao mesmo tempo formam um **acorde**. O **acorde perfeito** (ou **tríade**) tem três sons e é construído a partir de uma nota principal, dita **fundamental**, e mais as notas que formam, com esta, intervalos acima de terça e quinta.

Ex. 1

O acorde perfeito pode ser construído a partir de qualquer nota de qualquer escala:

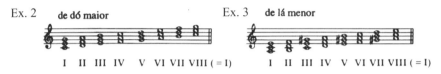

## Perfeitos maiores e perfeitos menores

Há dois principais tipos de acordes perfeitos que irão denominar-se *maior* ou *menor*, de acordo com o intervalo de terça que neles estiver contido. O intervalo de quinta justa existe em ambos.

## Acordes de 5ª aumentada e de 5ª diminuta

Os dois tipos restantes de acordes perfeitos são, de acordo com o intervalo de quinta que eles contêm, denominados acorde de *5ª aumentada* e acorde de *5ª diminuta*. O de 5ª aumentada é um acorde perfeito cuja quinta foi elevada em um semitom. O de 5ª diminuta é um acorde perfeito cuja quinta foi abaixada em um semitom.

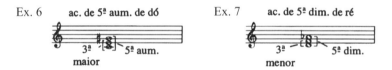

## Estado fundamental e inversão

Todos os exemplos mostrados acima são de acordes no **estado fundamental**, pois a nota básica de cada um (a mais grave de todas) aparece no baixo. Qualquer outro arranjo das notas de um acorde onde a fundamental não esteja no baixo será chamado de "inversão". Na **primeira inversão**, a nota do baixo é a que formava com ele no estado fundamental o intervalo de terça e na **segunda inversão** é a que formava com o baixo no estado fundamental o intervalo de quinta.

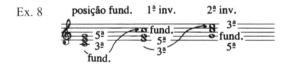

### Exercício 20

Dê o nome dos acordes mostrados a seguir e classifique-os de acordo com a posição de suas notas: se no estado fundamental, na primeira inversão ou na segunda inversão.

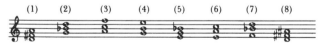

### Exercício 21

a) Escreva estes acordes perfeitos no estado fundamental:
- sol maior
- lá maior
- 5ª aumentada de fá
- si bemol maior
- si menor
- 5ª diminuta de dó
- ré maior
- dó menor

b) Agora, escreva os mesmos acordes na primeira e segunda inversão.
(O procedimento adotado no exemplo 7 poderá servir-lhe de guia.)

## Acordes primários

Dos sete acordes perfeitos e construídos com as notas das escalas (veja os exemplos 2 e 3), três são mais importantes que os outros. Do mesmo modo que falamos de "cores primárias", falamos também de acordes primários com relação aos acordes encontrados nos seguintes graus:

tônica (I) • subdominante (IV) • dominante (V)

Aqui, por exemplo, estão os acordes primários de dó maior e dó menor. Repare que no tom menor a sensível aparece elevada em um semitom.

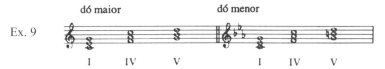

Ex. 9

### Exercício 22

Escreva acordes primários nos seguintes tons:
a) ré maior   b) ré menor   c) si bemol maior   d) sol menor

## Acordes originados de perfeitos maiores e menores

As três notas dos acordes perfeitos podem ser dobradas (uma oitava abaixo ou acima) para formar outros acordes de maior volume sonoro. Os acordes abaixo são inteiramente formados com as notas do acorde de dó maior:

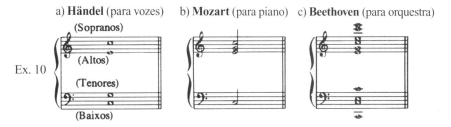

Ex. 10

Também notas não dobradas podem ser acrescentadas a um acorde básico de três sons para formar um outro mais complexo. Por exemplo, no tom de dó maior, as notas do acorde encontrado na dominante são sol-si-ré. Veja o que acontece quando são adicionadas a este acorde notas que formam intervalos de terças:

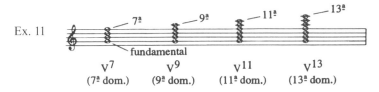

Ex. 11

## Acordes consonantes e dissonantes

Acorde **consonante** é aquele em que as notas parecem estar concordando entre si. Este tipo de acorde leva ao "relaxamento" e ele próprio se completa. No **dissonante**, certas notas destoam ou estão "em dissonância", o que cria um clima de intranquilidade ou tensão. Elas soam como se fossem incompletas, como se precisassem da complementação de um acorde consonante que aliviasse a tensão, ou, como diria um músico, um acorde de "resolução". Todos os acordes do exemplo 11 são dissonantes, consequentemente, todos acordes aumentados ou diminutos. Há outras variedades de acordes encontrados principalmente na música do século XX, nos quais a dissonância é mais utilizada.

# 12
# Frases e cadências

Você irá notar que, na maioria das vezes, um compositor dá forma a sua melodia construindo-a com frases bem equilibradas. Uma frase é um grupo de notas que suscitam em nós uma forte impressão de pertencer todas a "um mesmo conjunto". O comprimento mais comum da frase musical é o de quatro compassos, embora frases de oito ou dois compassos, ou mesmo de um só, sejam também bastante frequentes. Já as de três, cinco ou sete compassos são relativamente raras.

Um compositor pode mostrar muito claramente como está fraseada sua melodia por meio de uma linha curva que engloba todas as notas de cada uma das frases. Ele conta ainda com outros recursos para frasear sua música mais detalhadamente. Por exemplo, pode servir-se dos acentos que expressam ênfase, das ligaduras de *legato* ou dos pontos indicativos de *staccato*. Um fraseado assim detalhado mostra ao violinista como ele deve usar o arco, aos tocadores de instrumentos de sopro como "golpear a língua" e aos cantores como controlar a respiração.

## Cadências

O fim da frase é marcado pela cadência (do italiano *cadenza*, que significa caindo, cessando). As cadências numa peça são "pontos de repouso" e têm, de certa forma, o sentido de uma "pontuação musical". Consistem na sucessão de dois acordes e seus tipos principais são:

## Cadência perfeita

Os dois acordes que constituem a cadência perfeita são os da dominante (encontrado no quinto grau da escala) e o da tônica (encontrado no primeiro grau). Esta cadência dá à música o sentido de fim, de algo já perfeitamente acabado. Produz efeito semelhante ao de um ponto final.

## Cadência plagal

A cadência plagal consiste num acorde de subdominante (IV) seguido pelo da tônica (I) e é também uma espécie de ponto final. Por vezes, é chamada de cadência do "Amém", pois frequentemente aparece harmonizando esta palavra dita no fim dos hinos religiosos.

## Cadência imperfeita

Como sugere o nome, a cadência imperfeita faz com que a música, no lugar onde é empregada, pareça incompleta, como se estivesse ainda por concluir. O seu efeito é o de uma vírgula musical. Consiste na passagem de um acorde qualquer, mais habitualmente da tônica (I), da supertônica (II) ou da subdominante (IV) para um acorde da dominante (V).

## Cadência interrompida

Está é fácil de ser reconhecida, pois, como indica o seu nome, soa como uma interrupção da música. O compositor nos sugere a expectativa de uma cadência perfeita (do V para o I), mas, em vez da esperada passagem de um acorde da dominante para outro da tônica, o ouvido será surpreendido por acorde inteiramente diferente, quase sempre da superdominante (VI), como no primeiro exemplo a seguir. Mas o compositor pode ser levado a usar o acorde ainda mais inesperado, de modo a causar surpresa até maior, como no caso do segundo exemplo.

## Cadência picarda ou terça da picardia

Certas cadências de peças em tons menores terminam com um acorde maior e não com o esperado menor. Este curioso efeito, como uma passagem do sombrio para o claro, é obtido pela *cadência picarda* ou *terça da picardia*, assim denominada em virtude da terça maior existente no acorde final.

**Exercício 23**

Toque ou ouça o arranjo do hino conhecido como *Old Hundredth*.* Identifique as cadências que você perceber.

**Exercício 24**

Pesquise outros hinos religiosos ou melodias do folclore. Depois, tente tocá-los e classifique as cadências no final das frases.

---

* Antigo hino usado num livro de salmos de 1562 para o centésimo salmo, donde o nome *Old Hundredth*; em português, "Velho Centésimo". (N.T.)

# 13
# Modulação

**Modulação** é a mudança de tonalidade no decorrer da composição. Uma peça curta e simples pode não ter modulação. Ela permanece no mesmo tom, do princípio ao fim. Já uma composição mais longa poderá tornar-se muito enfadonha sem mudanças de tonalidade que a façam mais variada e interessante. Arnold Schoenberg, um dos mais conhecidos compositores do século XX, compara a modulação com uma mudança de cenário nas peças de teatro.

Tomemos, por exemplo, uma peça que comece e termine em dó maior, ou seja, no tom dado pela tônica. Se a música modular para sol maior, diremos que houve modulação para o *tom da dominante*, a quinta nota acima da tônica (veja o diagrama na p.17).

Naturalmente, o compositor pode modular para qualquer tom de sua preferência, mas seja qual for o que tiver escolhido, como o da tônica (o mais importante com que começa e termina a música), este estará mais bem relacionado com alguns do que com outros. A modulação entre esses tons sempre irá parecer muito mais espontânea e natural. Pense no tom da tônica como um centro em torno do qual giram os outros tons.

Os três tons que guardam uma relação mais próxima com os da tônica são:

- o da **dominante**: encontrado uma quinta acima da tônica. A sua armadura possui um sustenido a mais ou um bemol a menos que a da tônica;

- o da **subdominante**: encontrado uma quarta acima da tônica. Sua armadura possui um bemol a mais ou um sustenido a menos que a da tônica;

- o **relativo**: se a tônica estiver em tom maior, o tom relativo será menor; se a tônica estiver em tom menor, o tom relativo será maior. Nos dois casos as armaduras serão sempre as da tônica. (Veja o quadro das armaduras na p.19.)

Os dois quadros seguintes mostram esses tons que estão mais próximos ao da tônica. O primeiro tem a tônica em tom maior e está exemplificado com dó maior. No segundo, a tônica está em tom menor e o exemplo é com dó menor.

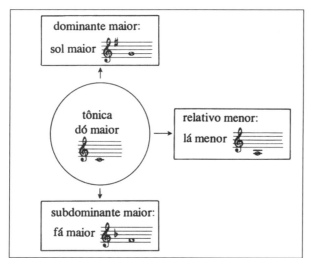 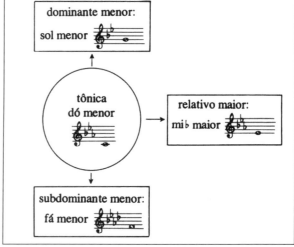

**Exercício 25**  Faça diagramas como este acima, mostrando os três tons que estão mais relacionados com 1) sol maior e sol menor e 2) com ré maior e ré menor.

# Exercício Especial C

Aqui se encontram quatro músicas que diferem bastante entre si. Leia com atenção as perguntas referentes a cada uma delas e, depois, ache as respostas ouvindo a música e estudando a partitura.

**1 Romance de *Eine Kleine Nachtmusik***      **Mozart (1756-1791)**
   **("Pequeno Serão Musical")**

a) Escreva de outra forma o compasso usado por Mozart.

b) Explique estes sinais:    :||:    :|

c) Represente e diga o nome de três tipos de pausa usados por Mozart nesta música.

d) Dê o significado destas indicações de dinâmica que foram empregadas por Mozart:

$$p \quad f \quad fp$$

e) Qual destas palavras italianas deveria aparecer sob o compasso 11?

    ( ) *crescendo*    ( ) *diminuendo*    ( ) *ritenuto*

f) Na lista abaixo encontra-se a indicação de andamento – *andante* – dada por Mozart. Ordene as cinco palavras no sentido da mais devagar para a mais depressa:

    ( ) *andante*    ( ) *allegro*    ( ) *allegretto*
    ( ) *adagio*    ( ) *andantino*

g) Em que tom começa o Romance?

h) Nos compassos 11 e 12 há uma modulação para o tom da dominante. Que tom é esse?

i) Nos oito compassos iniciais desta peça encontram-se duas frases musicais. Que espécie de cadência finaliza a primeira frase? Que nome tem a cadência com que termina a segunda frase?

j) Qual dos valores de notas dados abaixo *não* aparece nos compassos 1 e 2?

    ( ) semicolcheia    ( ) colcheia    ( ) colcheia pontuada
    ( ) semínima    ( ) semínima pontuada    ( ) mínima

l) Classifique os intervalos formados entre:
    • as primeiras duas notas do compasso 7
    • as primeiras duas notas do compasso 9
    • as primeiras duas notas do compasso 13

m) Em que compasso há uma *appoggiatura*? O que é uma *appoggiatura*?

## 2 Movimento de uma Sonata para Violino de compositor barroco desconhecido

a) Que tom o compositor escolheu para a tônica desta peça?
b) No compasso 4, a música foi modulada para o relativo maior. Que tom é esse?
c) Nos compassos que vão de 5 a 8, a música foi novamente modulada. Para que tom? (Observe que um dos dois bemóis da armadura original aparece anulado, ficando a música num tom cuja armadura tem apenas o si bemol, mas com o dó sustenido como *nota sensível*.)
d) No começo da parte B há uma modulação para dó menor. De que maneira dó menor está relacionado com o tom original da tônica?
e) Nos compassos que vão do 12 ao 14, o compositor emprega determinado recurso melódico (aqui assinalado por duas chavetas). Seria sequência, imitação ou inversão?
f) Com que tipo de cadência termina esta peça: imperfeita, perfeita, plagal ou interrompida?
g) O primeiro acorde do compasso 9 é formado do acorde perfeito de sol maior. Como dispõe o compositor as notas deste acorde: no estado fundamental, na primeira inversão ou na segunda inversão?
h) Diga o nome das notas e de qual acorde perfeito foi formado o acorde final. Em que estado está ele composto?
i) Que instrumentos tocam esta sonata?
j) Sugira uma indicação de andamento que sirva para ser escrita no início da música.

## 3 *Scherzando* do Quarteto de Cordas, Op.33, N.2 — Haydn (1732-1809)

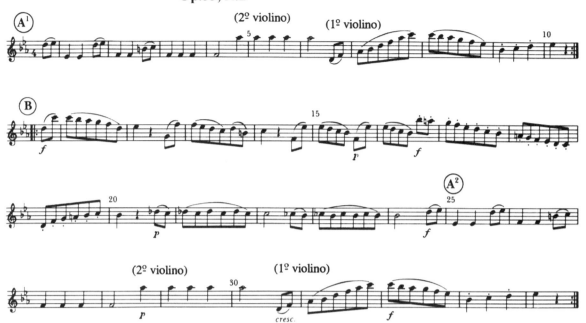

a) Está faltando um número na indicação do compasso. Qual seria?
b) Que nota escolheu Haydn para a tônica desta música?
c) Nos compassos 12 a 14 há uma modulação para outro tom. Qual é?
d) Nos compassos de 14 a 20 a música modula para outro tom (o acidente que aparece é a sensível da nova tonalidade). Qual é este tom agora?
e) Sugira uma indicação de dinâmica que sirva para ser colocada:
   • no início da peça
   • no final do compasso 4
   • no final do compasso 6
f) O fraseado nos compassos que vão de 11 a 16 indica que a música, neste trecho, é para ser tocada *legato*. Qual o significado desta palavra?
g) Algumas notas no decorrer da peça estão marcadas com pontos em cima ou embaixo delas. Que palavra italiana expressa a mesma coisa?
h) Em que compassos se dá a *imitação* feita pelos primeiro e segundo violinos?
i) O trecho inicial da música torna a aparecer no fim do compasso 24. Esta segunda vez é exatamente igual à primeira, ou Haydn faz alguma alteração importante?
j) Cite o tipo de cadência que Haydn usa:
   • nos compassos 9 e 10
   • no fim da peça
l) Em que compassos desta peça Haydn emprega uma sequência?
m) O título dado por Haydn a esta música é *Scherzando*. O que significa isto? Que compassos da música exprimem melhor essa ideia?

## 4   Dança das Raparigas Eslavas "Danças Polovtsianas" da ópera *Príncipe Igor*\*    Borodin (1833-1887)

a) O andamento que Borodin determina é *andantino*. Seria algo mais vagaroso ou um pouco mais rápido do que *andante*?
b) Qual é a nota tônica da música?
c) Os instrumentos escolhidos por Borodin para tocar as partes do solo pertencem todos eles ao mesmo naipe da orquestra. Que naipe é este?
d) Qual destes ritmos é ouvido várias e várias vezes na parte do acompanhamento?

Que nome tem um trecho de música como este, insistentemente repetido?
e) No compasso 23, Borodin pede para que a música seja tocada "docemente, com expressão e cantada". Como ele escreveria isso em italiano?
f) Em que compasso a orquestra inteira toca pela primeira vez?
g) Qual o nome do único instrumento de percussão ouvido?
h) Qual destas palavras italianas poderia ser escrita sob o compasso 40?

( ) *crescendo*     ( ) *diminuendo*     ( ) *accelerando*

i) Explique estes sinais que aparecem nesta partitura de linha melódica:

   3    ⌢    8va - - ┐

j) Cite dois compositores que sejam da mesma nacionalidade que Borodin.

---

\* Neste exercício, os itens 3, 4, 6 e 7 necessitam de audição prévia. (N.R.T.)

# Segunda parte: OS SONS DA MÚSICA

## 14 Timbre

**Timbre** é a palavra que descreve a característica ou qualidade sonora de um instrumento ou voz. É pelo timbre que se reconhece, por exemplo, a diferença entre um trompete, um oboé e um violino, ainda que todos esses instrumentos estejam tocando a mesma nota.

Diversos fatores são responsáveis pelo timbre característico de um instrumento, tais como: o material de que é feito o instrumento, o modo como os sons são produzidos e como ressoam, por exemplo, no interior da caixa de um violino. O fator mais importante, entretanto, é o que diz respeito aos *harmônicos*.

Quando uma corda esticada ou o ar dentro de um tubo começa a vibrar, tanto a corda como o tubo, além de vibrar como um todo, vibram ao mesmo tempo em suas duas metades, seus três terços, seus quatro quartos etc. A nota fornecida pelas vibrações do todo é a que ouvimos mais forte. Mas é apenas a mais baixa ou a *geradora* (ou *fundamental*) de uma sequência de notas, chamada *série harmônica* (ver p.51). As demais vibrações, a das metades, dos terços etc. produzem sons mais fracos e agudos, denominados *harmônicos*, que "colorem" o som da nota geradora.

Determinados instrumentos geram mais harmônicos que outros e cada um faz ressaltar os seus próprios harmônicos. É, de fato, a potência relativa dos harmônicos e a maneira como se misturam que dão ao instrumento o seu timbre característico e distintivo. São ainda os harmônicos que respondem pelo brilho (ou falta de brilho) do som de um instrumento.

## Combinações de timbres

O compositor pode optar por uma suave combinação de timbres, como a fornecida pelos instrumentos do naipe de cordas ou por aqueles, como os violoncelos, violas e fagotes que, com os seus profundos e calorosos timbres, têm certas qualidades em comum. Ou ele pode preferir combinar timbres extremamente contrastantes de modo a obter efeitos tão contraditórios quanto surpreendentes. Seria, por exemplo, os radiosos e penetrantes sons do flautim, das clarinetas agudas, dos trompetes com surdina e xilofones jogados contra um sombrio fundo de trompas, sopros de registro baixo e cordas com surdinas.

### Exercício 26

Ouça o começo de cada uma das composições mencionadas abaixo. Identifique os principais sons de cada uma delas, descrevendo-lhes rapidamente o timbre e explique como estão combinados os vários timbres (por exemplo, se estão misturados ou contrastados ou ora uma coisa, ora outra).
a) Samuel Barber: *Adagio*, Op.11
b) Händel: *Allegro deciso* de *The Water Music* (*Música Aquática*)
c) Bruckner: segundo movimento da Sinfonia N.7 em Mi Maior
d) Stravinsky: "Dança Infernal do Rei Kastchei" de *O Pássaro de Fogo*
e) Webern: a N.5 das *Cinco Peças para Orquestra*, Op.10.

# 15 Textura

Certas peças apresentam uma sonoridade bastante densa, às vezes num fluido de sons cerrados e constantes. Já em outras, este fluido se mostra ligeiro com os sons espaçados, produzindo possivelmente efeitos angulosos, cheios de arestas. É a este aspecto da música que damos o nome de *textura*, num sentido que compara o entrelaçamento dos sons de uma composição musical com a trama formada pelos fios de um tecido.

O compositor pode formar a trama de seu "tecido" musical de três maneiras:

## Textura monofônica

A textura *monofônica* é a mais simples de todas. Ela consiste numa única linha melódica, sem harmonia de suporte, embora a melodia possa ser executada por várias vozes e/ou instrumentos e às vezes também vir acompanhada de percussões ou de um bordão (uma gaita de foles que toca continuamente uma ou duas notas, em geral no baixo).

São exemplos de música de textura monofônica: o cantochão dos primeiros tempos da Igreja cristã, as danças e canções medievais e boa parte da música produzida pela cultura oriental, como a chinesa, indiana, japonesa e dos países árabes.

Reproduzimos, a seguir, o começo da peça *Veni Creator Spiritus*, um cantochão de textura monofônica, datado do século IX. Nos tempos medievais, quando este hino era cantado nos Domingos de Pentecostes, podia ser ouvido durante uma cerimônia da qual constavam queima de incenso, vestimentas especiais, luzes e badalar de sinos.

## Textura polifônica ou contrapontística

Numa textura *polifônica* ou *contrapontística* (ambas as palavras têm o mesmo significado), duas ou mais linhas melódicas, de igual importância, são ao mesmo tempo tecidas. Podem-se combinar melodias inteiramente diferentes ou construir-se a textura a partir de uma única ideia musical, com as vozes ou os instrumentos entrando sucessivamente, na forma de imitação. (Se você já cantou um cânone, teve, então, oportunidade de participar da execução de uma peça contrapontística e talvez nem se tenha dado conta disso!)

Ouça o começo do movimento lento do *Concerto de Brandenburgo N.2* de Bach. Contra um fundo de cravo e violoncelo, Bach põe entrelaçados três fios musicais de timbres totalmente diversos: o do violino, o do oboé e o da flauta doce. Os três fios foram elaborados de acordo com a mesma ideia melódica:

# Textura homofônica

Textura homofônica é a que tem o interesse musical centrado numa única linha melódica. Este tipo de textura pode ser descrito como "melodia-mais-acompanhamento". A melodia ou o canto, geralmente (mas nem sempre), encontra-se na parte de cima da textura.

Enquanto na textura polifônica ou contrapontística todas as linhas melódicas têm igual importância, na homofônica apenas uma única linha melódica reivindica sua primazia, pois as outras partes da textura suprem a música com um acompanhamento do tipo de acordes.

Como exemplo da textura homofônica, damos a seguir o começo do Prelúdio N.4, em Mi Menor, de Chopin.

A textura não tem necessariamente de ser sempre a mesma durante toda a música. O compositor, se quiser, pode alternar uma textura homofônica com outra do tipo polifônica. Ouça o coro do "Aleluia" do *Messias* de Händel. Você irá notar que muito do impacto da música se deve à maneira como o compositor modifica a textura, de um momento para o outro, para ressaltar ainda mais o sentido das palavras.

Há ainda outras formas utilizadas pelos compositores para dar maior variedade às texturas. Por exemplo, os contrastes de uma textura densa com outra transparente, da pesada com a ligeira, da que é em *legato* com a que é em *staccato* etc. Também os diferentes ritmos usados e a maneira como os timbres são misturados ou contrastados desempenham importante papel na criação de um determinado tipo de textura.

**Exercício 27**

Ao ouvir o começo das peças mencionadas (não necessariamente na mesma ordem que aqui se acham), descreva o mais detalhadamente possível o tipo de textura que a música apresenta.

a) Beethoven: o movimento lento do Concerto para Piano N.5 em Mi Bemol (o "Imperador")
b) Bach: o último movimento do *Concerto de Brandenburgo N.2*
c) Uma peça indiana, chinesa, japonesa ou de um país árabe
d) Palestrina: *Missa Papae Marcelli* (Missa em memória do papa Marcelo)
e) Mozart: o segundo movimento do Concerto para Clarinete em Lá Maior
f) Uma canção composta por um *troubador*, como *Kalenda Maya* (Primeiro de Maio) de Raimbault de Vacqueiras
g) Bartók: *Música para Cordas, Percussão e Celesta*
h) Villa-Lobos: *Bachianas Brasileiras N.2*. Prelúdio (*A Canção do Capadócio*)
i) Stravinsky: "Dança de Roda das Princesas" do *Pássaro de Fogo* (durante aproximadamente os primeiros 75 segundos da peça são ouvidos alternadamente dois tipos de textura)

# 16
# Contrastes

Um dos efeitos mais interessantes que o compositor consegue tirar é o do **contraste**, obtido pela combinação de sons e pela oposição de diferentes padrões sonoros. São formas de contraste os movimentos autônomos (ou peças) que constituem uma obra de grande extensão, as várias seções que compõem uma única peça e ainda aquilo que, de certa forma, faz contrastar um momento musical de outro.

O número de possibilidades de que o compositor dispõe para criar contrastes é infinito, o limite está na capacidade de sua imaginação. Damos aqui apenas alguns exemplos:

---

**altura** sons agudos contrastados com sons graves

**dinâmica** forte/fraco

**andamento** rápido/vagaroso

**modo** maior/menor

**ritmo** dentre muitos: um de desenho regular e pouco marcado por oposição a outro entrecortado ou bastante acentuado

**tempo** ou **métrica** alteração do compasso (por exemplo, uma mudança de $\frac{3}{4}$ para $\frac{4}{4}$ )

**caráter** alegre/triste; fogoso/calmo; ligeiro/solene etc.

**harmonia** consonante/dissonante

**modulação** mudança de tonalidade

**formação** pequena/grande (por exemplo, solo contra coro na orquestra)

**timbre** dentre muitas possibilidades: timbres agudos e brilhantes contra os que são sóbrios e profundos

**textura** densa/espaçada; pesada/ligeira; *legato/staccato* etc.; ou ainda homofônica/polifônica etc.

...e algumas vezes o **som** por oposição ao **silêncio**

---

Muitas dessas maneiras de criar contrastes estão relacionadas entre si e você irá notar que, frequentemente, quando um contraste se revela extremamente significativo, ele é, na realidade, a combinação simultânea de vários desses efeitos.

**Exercício 28**

Ouça algumas das peças relacionadas a seguir. Anote todos os tipos de contrastes que você perceber.

a) Vivaldi: o primeiro movimento da "Primavera" de *As Quatro Estações*

b) Grieg: *Dança Norueguesa N.2*

c) Prokofiev: "Montéquios e Capuletos" de *Romeu e Julieta* (Suíte 2)

d) Bizet: Prelúdio da ópera *Carmem*

e) Bach: *Concerto de Brandenburgo N.2* – conclusão do movimento lento, seguida do início do último tempo

f) Stravinsky: *O Pássaro de Fogo* – os últimos momentos da "Dança do Rei Kastchei" e o princípio da "Berceuse"

g) Carl Orff: "In trutina" seguido de "Tempus est jocundum" de *Carmina Burana*

h) Uma peça para dois ou mais grupos de vozes e/ou instrumentos de Giovanni Gabrieli

i) Um trecho de dois ou três minutos de uma obra moderna, como *Kontakte* de Stockhausen, *Jeux Vénitiens* de Lutoslavski ou *Trenódia para as Vítimas de Hiroshima* de Penderecki

# 17
# Vozes

Quando cantamos, o ar expelido dos pulmões faz com que as cordas vocais (duas tiras de cartilagem distendidas através da laringe, na parte de trás da garganta) vibrem como palhetas e produzam notas musicais. Na emissão das notas mais agudas as nossas cordas vocais se apertam e, na das mais graves, elas se afrouxam. Garganta, boca, nariz e cabeça funcionam, com suas cavidades, como ressonadores que ampliam e enriquecem a sonoridade.

## Tipos de vozes

Os nomes que se seguem são usados para descrever a extensão e o timbre dos diferentes tipos de vozes que estão mostrados de acordo com o seu registro médio, pois normalmente as vozes educadas ultrapassam esses limites. (A parte do tenor é por vezes escrita na clave de sol, uma oitava acima da que é ouvida.)

O contratenor é uma voz masculina excepcionalmente alta, dotada de sonoridade forte e límpida. Foi muito apreciado na Inglaterra durante os séculos XVII e XVIII e, agora, no século XX, vem novamente sendo ressuscitado.

A voz do menino, enquanto não engrossam as cordas vocais de modo a abaixar-lhe o registro, é descrita tanto como contralto quanto soprano. A da menina tem extensão similar, mas com a sonoridade um tanto mais suave.

## Combinações de vozes

Vários grupos de vozes podem ser combinados para formar coros. Desses, o mais usual é o de vozes mistas, no qual há o grupo dos sopranos, dos contraltos, dos tenores e dos baixos. O coro nas igrejas anglicanas, quando feminino, inclui dois grupos de sopranos e um ou dois contraltos. Se for masculino, é formado só de vozes de homens ou de meninos e homens, portanto, um coro de sopranos, contraltos, tenores e baixos.

Os solistas podem cantar em dueto (duas vozes), trio (3), quarteto (4), quinteto (5), sexteto (6).

### Exercício 29

Enquanto estiver ouvindo algumas peças mencionadas, veja se consegue identificar o tipo de voz ou de vozes. Certas peças são para uma ou mais vozes solistas e outras para coro.

a) Verdi: "La donna è mobile" ("A mulher é volúvel") do *Rigoletto*
b) Mozart: "A Rainha da Noite", ária de *A Flauta Mágica*
c) Bach: "Lamento pelo pecado" da *Paixão Segundo São Mateus*
d) Mozart: "Ó Ísis e Osíris" do segundo ato de *A Flauta Mágica*
e) Schubert: *Erlkönig* ("O Rei dos Elfos")
f) Puccini: Dueto de Amor do primeiro ato de *Madame Butterfly*
g) Bizet: "No interior do templo sagrado" de *Os Pescadores de Pérolas*
h) Händel: "And with His stripes" ("E com Suas vergastadas") do *Messias*
i) Uma canção de Mendelssohn, como *Saudação* (*Gruss*) ou *Eu queria que meu amor...*
j) Uma canção de Dowland ou Purcell
l) Verdi: "Bela filha dos amores" do terceiro ato do *Rigoletto*
m) Britten: Kyrie da *Missa Brevis*

# 18
# A orquestra

Usamos a palavra **orquestra** para significar uma quantidade considerável de instrumentos que tocam em conjunto, embora a espécie e o número exato possam variar bastante de uma obra para outra. A orquestra moderna é, às vezes, também chamada de sinfônica, no sentido de que ela possui uma formação capaz de executar sinfonias e outras obras do mesmo gênero, como aberturas, suítes e poemas.

Tipos de composição como essas, normalmente, exigem uma orquestra com quatro naipes ou "famílias" de instrumentos.

**cordas • madeiras • metais • percussão**

A maneira como os quatro naipes se dispõem no palco é praticamente uma única. Pelo fato de haver certas "semelhanças de família", os instrumentos são arranjados em grupos dentro de cada naipe. Os palcos são geralmente escalonados e os instrumentos estão ordenados de modo a haver um equilíbrio entre os seus vários sons e timbres.

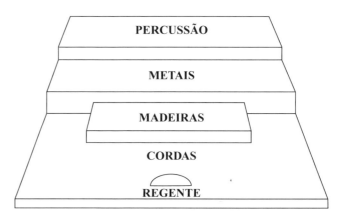

## Cordas

As cordas constituem a espinha dorsal da orquestra. Mais da metade dos músicos tocam neste naipe que, numa grande orquestra, se compõe de:

| | |
|---|---|
| 16 primeiros violinos | 10 violoncelos |
| 14 segundos violinos | 8 contrabaixos |
| 12 violas | 2 harpas |

Repare que os violinos estão divididos em dois grupos: o dos primeiros e o dos segundos violinos. A diferença não está nos instrumentos – os dois são perfeitamente idênticos –, mas naquilo que tocam, ou melhor, na diferença da altura de suas notas: a dos primeiros é quase sempre mais alta que a dos segundos.

Os sons dos violinos, violas, violoncelos e contrabaixos são produzidos exatamente da mesma maneira. Todos esses instrumentos possuem quatro cordas – de tripa, metal ou náilon – esticadas ao longo da caixa de ressonância, e presas, numa das extremidades, ao estandarte e, na outra, após passar pelo cavalete, às cravelhas. Algumas vezes, o instrumentista usa a ponta dos dedos para pinçar as cordas (na técnica do *pizzicato*), mas o comum é tocar o instrumento fazendo um arco passar sobre as cordas. Este arco é uma ripa de madeira com mais de 200 fios de crina de cavalo fortemente esticados em todo o seu comprimento.

violino    viola    violoncelo    contrabaixo    harpa

Vimos, na p.9, que a altura de uma nota depende do comprimento, da espessura e da tensão da corda. O tamanho do instrumento, naturalmente, limita o comprimento de suas cordas, que não podem ser encompridadas pelo instrumentista. No entanto, para produzir as diferentes notas, ele pode *encurtá-las*, apertando-as no ponto com os dedos da mão esquerda. Isto se chama "interromper" as cordas. Quando uma corda é assim interrompida, apenas o seu comprimento que vai do cavalete ao ponto de interrupção irá vibrar. Quanto mais curta é a corda, mais aguda será a nota. O naipe das cordas não só possui grande extensão, como também uma rica gama de nuanças sonoras.

Aqui, damos alguns dos efeitos especiais que costumam ser indicados pelos compositores.

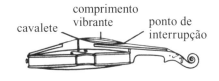

- *pizzicato* é a técnica de pinçar as cordas com a ponta dos dedos; o compositor escreve a palavra *arco* quando novamente tiver de ser usado;
- *con sordino* (com surdina) para ser tocado com um dispositivo dentado que grampeia as cordas por cima do cavalete, abafando as vibrações e produzindo sonoridades surdas e prateadas;
- *tremolo* um agitado efeito de tremor, de grande dramaticidade, que normalmente consiste na repetição rápida e seguida de uma nota produzida com velocíssimas arcadas para cima e para baixo;
- *col legno* (com a madeira) o instrumentista vira o arco ao contrário e passa a tocar as cordas com a parte de madeira e não com a de crinas.

**A harpa**    Embora a harpa esteja na categoria dos instrumentos de corda, a sua construção e o modo como é tocada fazem com que ela tenha lugar à parte no naipe das cordas. As cordas da harpa são sempre pinçadas. Ela possui 47 cordas e sete pedais, um para cada nota da escala, ou seja, um para as cordas da nota lá, outro para as do si e assim por diante. Quando um pedal é abaixado dentro de um encaixe, todas as cordas ligadas a ele são ligeiramente encurtadas e as notas que lhe correspondem sobem um semitom. Se o pedal for abaixado dentro de um segundo encaixe, a altura sobe ainda mais outro semitom.

A harpa possui dois "efeitos" que lhe são característicos: o *arpeggio*, que consiste no desdobramento das notas de um acorde, e o *glissando*, que é o deslizamento dos dedos pelas cordas.

# Madeiras

Os instrumentos desse naipe foram em sua origem de madeira, mas atualmente são usados também outros materiais em sua fabricação. Os sons são produzidos por meio da coluna de ar que é posta para vibrar dentro de um tubo. Ao longo desses instrumentos há uma série de orifícios controlados por sistemas de chaves, molas e alavancas. O instrumentista, quando abre ou fecha esses orifícios, altera o comprimento da coluna vibratória de ar:

> quanto mais curta a coluna de ar, mais aguda é a nota
> quanto mais comprida a coluna de ar, mais grave é a nota

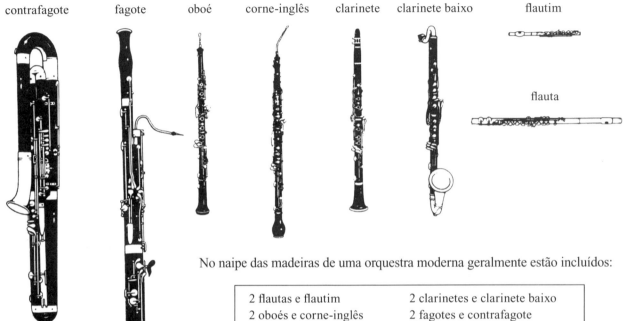

No naipe das madeiras de uma orquestra moderna geralmente estão incluídos:

> 2 flautas e flautim      2 clarinetes e clarinete baixo
> 2 oboés e corne-inglês      2 fagotes e contrafagote

Fora a flauta e o flautim, os demais instrumentos possuem todos uma ou duas palhetas. A flauta e o flautim – que o instrumentista segura horizontalmente – produzem os sons por meio do que é chamado "orifício tonal". O executante sopra uma corrente de ar por um furo ovalado. Uma borda mais afastada deste furo rompe a corrente e faz com que a coluna de ar dentro do instrumento comece a vibrar e, consequentemente, a produzir as notas desejadas.

O clarinete possui uma única palheta – peça chata de taquara, finamente aplainada numa das extremidades – que se ajusta a um orifício oblongo no bocal. O ar soprado pelo clarinetista faz vibrar a palheta que, por sua vez, faz vibrar a coluna de ar dentro do tubo.

O oboé, o corne-inglês (na verdade, um oboé grande), o fagote e o contrafagote têm todos palheta dupla, ou seja, duas delgadas tiras de taquara, unidas entre si e com as extremidades aguçadas. Quando sopradas, as palhetas se põem a vibrar, batendo-se mutuamente, do mesmo modo como aconteceria com os bordos de uma folha dobrada que apanhássemos entre os dedos e soprássemos. A palheta dupla, uma vez vibrando, faz com que também vibre a coluna de ar do instrumento.

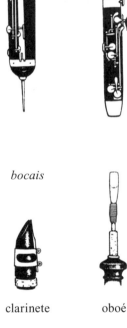

Enquanto os sons do naipe das cordas se fundem bem uns aos outros, os das madeiras se caracterizam por ser muito mais distintos e individuais, tendendo mais a criar contrastes do que a misturar-se. Frequentemente, recebem o papel de solista e essa é a razão por que ficam no centro das orquestras, à frente do maestro, num plano mais elevado que as cordas.

# Metais

Todos os instrumentos do naipe dos metais são formados de um tubo alongado que tem numa das extremidades um bocal e na outra uma terminação em forma de boca de sino. Esses instrumentos já foram basicamente feitos de latão. Hoje em dia, entretanto, são fabricados quase todos de alguma liga de metal, em vez de latão puro.

O naipe dos metais da orquestra moderna normalmente inclui:

> 4 trompas
> 3 trompetes (algumas vezes, cornetas)
> 3 trombones (2 tenores; 1 baixo ou baixo-tenor)
> 1 tuba

A extensão das notas de cada um desses instrumentos depende do comprimento do tubo. Por exemplo, o tubo da trompa é mais comprido que o do trompete; isso faz com que ela emita notas mais graves que este último (veja o gráfico da altura de notas na p.8).

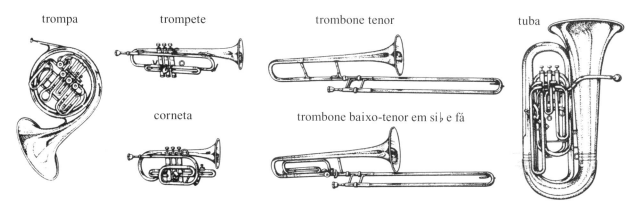

trompa    trompete    trombone tenor    tuba

corneta    trombone baixo-tenor em si♭ e fá

Para tirar as notas, o executante coloca seus lábios num bocal em forma de taça e, enquanto sopra, eles vão vibrando como se fossem uma palheta dupla de oboé. Isto leva a coluna de ar que está dentro do tubo também a vibrar e a emitir notas, que são, portanto, produzidas apenas com a mudança na tensão que se imprime aos lábios, ou seja, apertando-os ou afrouxando-os. Quanto mais comprimidos os lábios, mais aguda será a nota. Os sons assim naturalmente obtidos constituem uma *série harmônica*. O mais baixo da série é chamado som *fundamental* ou *gerador*, e depende do comprimento do tubo. Assim, se um tubo tiver um comprimento cuja nota geradora seja o dó grave, o executante, ao aumentar gradativamente a tensão dos lábios, irá produzir as seguintes notas ou harmônicos:

(fundamental ou gerador)

Entretanto, nos instrumentos de diâmetro bem pequeno, a nota geradora é impossível de ser produzida. Há diversas brechas na série, sobretudo no seu início, quando as lacunas são bastante grandes e todas as notas que poderiam preenchê-las não podem ser produzidas naquele comprimento de tubo. Somente as notas agudas da série guardam suficiente proximidade para que se obtenha algum tipo de afinação e, ainda assim, as notas em preto de números 7, 11, 13 e 14 irão soar desafinadas.

Essas foram algumas das dificuldades enfrentadas pelos primeiros tocadores de trompas e trompetes. O grande problema era o número limitado de notas disponíveis. Obter quantidade maior significaria alterar o comprimento do tubo, o que era, no entanto, normalmente feito pelos tocadores de trompa quando ajustavam varas para aumentar ou diminuir o comprimento do tubo. Tinham, contudo – e os tocadores de trompete também –, de carregar um conjunto extra de "roscas" que iam fixando individualmente à medida que se fizesse necessário encompridar o tubo. Mas cada rosca continuava fornecendo apenas as notas da série harmônica do novo comprimento.

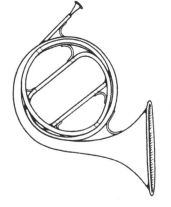

*Uma velha trompa do século XIX, com roscas*

Por volta de 1815, o problema foi finalmente resolvido com a invenção do sistema de válvulas. Consiste num jogo completo de roscas, o mesmo que sempre se usou, mas com a diferença de as roscas serem agora permanentes e selecionadas com um simples toque de dedo. As válvulas são ao todo três, cada uma ligada a um dos comprimentos extras do tubo para onde o ar, quando elas são pressionadas, é desviado. Podem ser usadas individualmente ou de forma combinada, oferecendo uma escolha entre sete diferentes comprimentos de tubo, cada um deles com a sua série harmônica. (O comprimento do tubo da válvula 3 é, na verdade, uma combinação dos comprimentos das válvulas 1 e 2.)

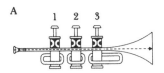
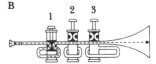
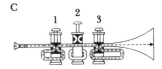

O instrumentista, usando a válvula adequada e comprimindo os lábios convenientemente, seleciona a nota desejada que oferece a série harmônica. Como as notas das sete séries estão imbricadas entre si, o instrumento ficou sendo perfeitamente cromático, isto é, capaz de tocar todos os semitons que estão compreendidos em sua extensão.

O timbre de um instrumento de metal depende da espécie do bocal usado, do furo ou da largura do tubo e de sua boca em forma de sino. A brilhante sonoridade que caracteriza o trompete, por exemplo, é devida tanto ao seu furo estreito, quase cilíndrico, como também ao bocal em forma de taça e à campânula não muito exagerada. Já a trompa tem bocal afunilado e o seu diâmetro vai gradativamente abrindo-se numa grande boca de sino, fazendo com que os sons sejam arredondados e doces.

*bocais*

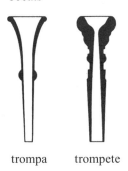

O trombone é, na verdade, uma versão de um trompete de registro grave e a tuba, o maior de todos os instrumentos do naipe e o de sonoridade mais profunda, não passa, por sua vez, de uma grande trompa. Como até 1820, mais ou menos, a tuba ainda não havia sido inventada, quando nasceu já veio dotada de válvulas.

Todos os instrumentos de metal podem ser tocados com surdina – um cone de madeira, metal ou papelão para ser colocado na campânula do instrumento. Isto altera o timbre, que se torna mais fino, abafado, como se viesse de longe, ou, no caso de fortíssimos, bastante metálico e ameaçador.

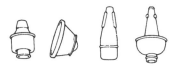

*surdinas de trompete*

**Exercício 33**     Ao ouvir o começo das peças mencionadas, identifique o instrumento solista:

a) Claude Debussy: *Prélude à l'après-midi d'un faune*
b) Mendelssohn: "Noturno" de *Sonho de uma Noite de Verão*
c) Ravel: *La Valse*
d) Bach: "Badinerie" da Suíte Orquestral N.2 em Si Menor
e) Mussorgsky: "Bydlo" de *Quadros de uma Exposição* na versão orquestral de Ravel
f) Sibelius: Sinfonia N.1 em Mi Menor
g) Grieg: "No Salão do Rei da Montanha" de *Peer Gynt*
h) Bizet: "La Garde Montante" da *Carmem*
i) Weber: *Convite à Valsa* (para orquestra)
j) Delius: "La Calinda", dança nupcial da ópera *Koanga*
k) Dvořák: *Largo* da Sinfonia N.9 ("Novo Mundo")
l) Villa-Lobos: Prelúdio da *Bachianas Brasileiras N.2*

# 19
# Como evoluiu a orquestra

Foi por volta de 1600 que pela primeira vez diversos instrumentos de diferentes tipos foram reunidos para formar uma orquestra. As primeiras foram formadas ao acaso e eram compostas de cordas (tanto pinçadas como tocadas com arco), vários tipos de instrumento de sopro e ainda um instrumento de teclado, como o cravo. Os compositores costumavam recorrer aos músicos que no momento estivessem disponíveis. E com isso, o número de executantes e de modalidades de instrumentos variava bastante de uma composição para outra.

## Do final do século XVII à metade do século XVIII

Mais tarde, no século XVII, graças à evolução da família do violino, o naipe das cordas estruturou-se como unidade perfeitamente equilibrada e definida. Ficou como um núcleo central a que os compositores, de acordo com a ocasião, juntavam um ou outro pequeno grupo de instrumentos do tipo de flautas doces, oboés, fagotes, às vezes trompas e também, ocasionalmente, trompetes e tímpanos. Uma presença constante na época era a do cravo *contínuo*, o instrumento que, do princípio ao fim da peça, tocava "continuamente" não só para preencher as harmonias, mas, sobretudo, para manter a unidade do conjunto.

## Do final do século XVIII ao início do século XIX

Já no fim do século XVIII, os quatro principais tipos de instrumentos das madeiras (flauta, oboé, fagote e o recém-inventado clarinete) passaram a ser combinados aos pares dando independência ao naipe. O cravo, como contínuo, caiu em desuso e no seu lugar passou-se a usar duas trompas que faziam a ligação da textura. Quase sempre estavam também incluídos um par de trompetes e outro de tímpanos. Por algum tempo, esta foi a formação da orquestra padrão, frequentemente denominada "orquestra clássica". É a que se usa para tocar as últimas sinfonias de Haydn e as primeiras de Beethoven e Schubert.

## Na metade do século XIX

No decorrer do século XIX, tanto o tamanho como a extensão sonora da orquestra cresceram enormemente. Os trombones que, antes, só eram usados em óperas e na música sacra passaram a ter um lugar certo. O número de trompas aumentou para quatro e o naipe dos metais ficou, com a introdução da tuba, completo. Este, após a invenção do sistema de válvulas – que não só deu maior flexibilidade aos instrumentos como também lhes aumentou a extensão –, cresceu muito em importância. Além disso, os compositores passaram a recorrer a um maior número de madeiras, como flautim, corne-inglês, clarone (clarinete baixo) e contrafagote e, no naipe das percussões, os instrumentos tornaram-se mais variados, capazes de efeitos brilhantes e curiosos. Foi, então, necessário que se aumentasse o número dos instrumentos de corda para que houvesse um equilíbrio entre os quatro naipes.

## Do final do século XIX aos tempos atuais

No final do século XIX e princípio do XX, a orquestra, para satisfazer as exigências dos compositores, teve que ser aumentada enormemente. Os metais passaram a contar com instrumentos extras e as madeiras eram combinadas em grupos de três ou até mesmo de quatro instrumentos. Por volta de 1910, entretanto, certos compositores começaram a escrever para orquestras menores, formadas, então, por um corpo de cordas, um ou dois instrumentos saídos das madeiras e dos metais e dois músicos que ficavam encarregados de uma rica parte percussionista. Alguns compositores do século XX têm experimentado novas sonoridades e novas técnicas, usando instrumentos recentemente inventados, descobrindo sons novos em instrumentos tradicionais e, algumas vezes, através do emprego de variadas técnicas eletrônicas, explorando interessantes meios que modificam a sonoridade orquestral.

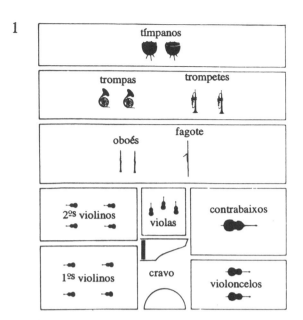
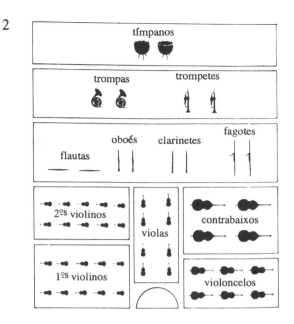
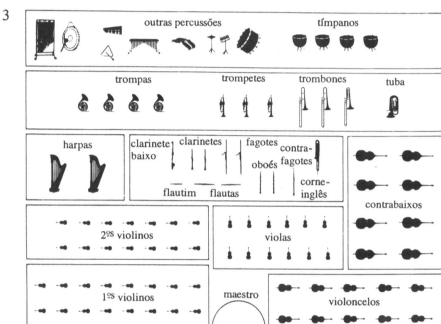

*Três formações orquestrais usadas pelos compositores: (1) cerca de 1720, (2) cerca de 1800 e (3) depois de 1830*

Exercício 34   Ouça os trechos das peças seguintes, não necessariamente na ordem em que se encontram. Pelo tamanho da orquestra que você acha que está tocando e pelo tipo de sonoridade ou da combinação de instrumentos, diga em que época teriam sido compostas as peças.

a) Rimski-Korsakov: "Alborada" do *Capricho Espanhol*
b) Mozart: Sinfonia N.40 em Sol Menor
c) Um movimento de uma suíte para orquestra de Bach ou Händel
d) Stockhausen: *Mixtur*
e) Uma sinfonia de Mahler ou um poema sinfônico de Richard Strauss
f) Stravinsky: "Marcha Real" de *A História de um Soldado*
g) Uma peça instrumental da ópera *Orfeu* de Monteverdi

# 20
# A partitura de orquestra

A música dada nesta página é o início do último movimento da Quarta Sinfonia de Tchaikovsky. Ela mostra como estão escritos os quatro primeiros compassos desse movimento na *partitura orquestral* do regente.

Os instrumentos são ordenados na página da partitura de orquestra de acordo com os seus quatro naipes. A ordem é sempre a mesma: madeira, metal, percussão, cordas. No caso de haver harpa, vem entre a percussão e as cordas. E se houver vozes ou instrumento solista (um concerto para violino ou piano, por exemplo – ver p.77), a parte que lhes corresponde se acha imediatamente acima das cordas. (Em certas partituras mais antigas é possível encontrar as partes vocais entre a das violas e a dos violoncelos, dividindo, portanto, as cordas em duas seções.)